든든한 구역, 부흥하는 교회

구역 나눔 공과

구역 나눔 공과 [성령충만으로 하나되는 구역]

초 판 1쇄 발행 | 2018. 12. 10
초 판 1쇄 인쇄 | 2018. 12. 10
지은이 | 정신일
펴낸이 | 박미옥
펴낸곳 | 맑은하늘
책임편집 | 이지선
편 집 | 이지선
교 정 | 김세배
일부총판 | 비전북 (031) 907-3927
등 록 | 제 679-30-00201호(2016. 8. 11)
주 소 | 부천시 원미구 중동 1289번지 팰리스카운티
아이파크상가 5층
전 화 | (032) 611-7578
팩 스 | (032) 343-3567
도서출간상담 | E-mail:chmbit@hanmail.net

ISBN : 979-11-88790-16-6 03230

정가:5,800원

저자 정신일 목사

정신일 목사는 오랫동안 청소년과 청년 사역을 통해 젊은이들과 호흡해 온 목회자이다. 하나님이 주신 아름다운 감성으로 대학시절 집필한 <메시아전쟁> 이라는 단편이 일간스포츠에서 주관한 대중문학상에 입상한 바가 있고, 대학 졸업 후에는 영화 전문잡지 취재기자로, 기독교계통 신문의 칼럼리스트로 활동하기도 했다.
또한 대한예수교 장로회(대신) 여름성경학교 집필위원으로 3년간 교재를 집필하기도 했다.
현재는 크리스천리더출판사와 다음세대의 리더를 세우는 모임인 크리스천리더의 대표이며 기쁨의 교회(joy1.co.kr)를 개척하여 즐겁게 목회하는 개척교회 목사이기도 하다.
인양대학교 기독교 교육학을 전공하였고, 동 대학원에서 목회학(M. Div.) 성경학(Th.M)을 전공했다.

주요저서: 「예수님이 말씀하신 믿음」, 「여호수아처럼 뛰어라」, 「수험생 100일 큐티」, 「수능큐티」, 「복음큐티」, 「나를 위한 값진 십자가」, 「파워포인트와 그림 시청각설교 시리즈」 등 총 30여종의 저서가 있다.

[정신일 목사] 든든한 구역 세우기 구역 나눔 공과

구역
나눔공과

성령충만으로 하나되는 구역

정신일 목사

구역은 가장 아름다운 사랑과 교제의 모임입니다.

구역은 교회 부흥의 원동력이며, 모든 사역의 기초입니다.

맑은하늘

머리말

교회는 두 날개로 힘차게 날개짓 하며 날아 올라야 합니다.
한 날개는 하나님이 기뻐하시는 온전한 예배를 드리는 헌신의 날개이며, 또 다른 날개는 소그룹을 통한 믿음과 교제의 날개입니다.

교회는 분명 숲을 봐야 합니다. 하나님의 사명과 비전을 세우고 거침없이 질주해야 합니다.
하지만, 나무보지 못하면 달리긴 달려도 무모한 곳으로 엇나갈 수 있습니다. 구역모임은 곧 나무를 보는 일입니다. 양들의 환경과 처지를 알고 하나님의 사랑과 돌봄의 장이 되어야 하는 곳이 되어야 합니다.

구역은 또한 하나님의 은혜를 받고 누리는 곳이자, 하나님의 축복의 통로입니다. 구역에 활력이 넘칠 때 교회에 활기가 넘치게 되고, 구역이 시들해지면 교회 분위기 역시 시들해집니다.

[구역나눔공과] 는 든든한 구역, 부흥하는 교회를 세우기 위한 하나님의 은혜의 동기를 심어 줄 것을 확신합니다.
또한 이 공과는 쉬우면서도 깊이 있는 말씀의 나눔과 삶의 적용을 통해 성숙한 그리스도인이 되는데 도움을 주리라 확신합니다.

이 책은 말씀 중심으로 집필되었습니다. 각 과마다 요약된 말씀을 잘 정리하였습니다. 또한 각 과마다 빈칸 채우기를 통해 그 과에서 중요한 메시지를 한 번 더 생각하고 기억할 수 있도록 하였습니다.

또한 구역 나눔을 통하여 말씀을 알고 그 말씀을 삶에 적용할 수 있도록 기획하였습니다. 마지막으로 각 지체들과 기도 제목을 나누며 함께 기도할 수 있도록 하였습니다. 구역은 곧 영적 가족이기에 서로 기도를 나누는 공동체가 되어야 합니다.

[구역나눔공과]를 통하여 모든 교회의 구역이 건강하고 아름답게 세워져가기를 기도하고 소망합니다. 그리하여 이 땅에 하나님이 기뻐하시는 공동체가 많이 세워지기를 소망합니다

이 책이 나오기까지 큰 관심과 사랑으로 이끌어준 사랑하는 아내와 늘 그 자리에서 기도해주신 저희 기쁨의 교회 성도님들께 감사드립니다. 또한 부족한 원고를 잘 다듬어 책으로 엮어준 직원들에게 감사를 드립니다.

"구역이 희망이다."

기쁨의 교회 정신일 목사

차례

머리말 · 4

1주 이 세대를 본받지마라 · 8
2주 확실한 것을 끝까지 잡자 · 11
3주 기독교인의 성공관 · 14
4주 진정한 사귐 · 17
5주 여호와께 돌아가자 · 20
6주 믿음의 말대로 된다 · 23
7주 살아서 움직이는 교회 · 26
8주 삭개오의 파산 · 29
9주 함께 _ Together · 32
10주 은혜의 자리로 돌아오라 · 35
11주 배신자 가롯유다 · 38
12주 예수님과 친구가 되라 · 41
13주 용기와 비겁사이 · 44
14주 승리의 십자가 · 47
15주 구원의 확신을 이야기하다 · 50
16주 감사하는 자가 되라 · 53
17주 [부활주일]돌문을 여는 부활 신앙 · 56
18주 안디옥교회의 부흥 · 59
19주 서로 협력하는 공동체 · 62
20주 책임감있는 성도가 되자 · 65
21주 생명의 말씀으로 나아가자 · 68
22주 하나님의 이끄심을 경험하라 · 71
23주 모든 좋은 것으로 함께하라 · 74
24주 힘써 하나되라 · 77
25주 위로하시는 하나님 · 80
26주 행함 없는 믿음은 죽은 믿음이다 · 83

27주 [맥추감사주일]감사함으로 예배드려라·86
28주 영적인 힘과 지도력·89
29주 정욕적인 삶을 버리라·92
30주 허탄한 자랑을 하지 말라·95
31주 길이 참고 마음을 굳건히 하라·98
32주 죄 아래 있는 인생들·101
33주 선을 행하라·104
34주 영적 사망에서 벗어나라·107
35주 은혜의 지배를 받으라·110
36주 곤고한 인생·113
37주 양자의 영을 받으라·116
38주 부흥의 주역이 되어라·119
39주 당신도 위로받을 자격이 있다·122
40주 버릴 것과 소유할 것·125
41주 의의 종으로 삽시다 ·128
42주 성숙한 그리스도인이 되라·131
43주 고난과 승리·134
44주 여호수아처럼 뛰어라·137
45주 복음을 전파하라·140
46주 다윗의 감사, 나의 감사·143
47주 [추수감사주일]평범함 속의 감사·146
48주 갑절의 은혜를 허락하소서·149
49주 네가 돌아서라·152
50주 하나님께서 함께 하시는 가정·155
51주 [성탄주일] 변화의 성탄절이 되라·158
52주 [송구영신] 인생의 고백과 간구의 기도·161

1. 이 세대를 본받지마라

• 본문 | 롬 12:1

• 찬송 | 10장, 550장, 270장

오늘 말씀을 통해 우리가 성도로서 어떤 노력을 하며 살아가야 할지 알아가 봅시다.

첫째, 진정한 (　　　)를 드리는 성도 되시기 바랍니다.

영적 예배는 '몸과 정성으로 드리는 거룩한 산 제사'를 의미합니다. 요한복음 4장 24절에는 "영과 진리으로 예배하라"라고 기록되어 있습니다. 마음과 뜻과 정성으로 예배드립시다.

영적 예배는 거창한 것이 아닙니다. 말 그대로 하나님께 나를 드리는 것입니다. 영적 예배란 몸으로 드리는 거룩한 산 제사를 의미합니다. 몸으로 드린다는 것은 구약에서 짐승을 번제로 남김없이 태워드리듯 나를 온전히 태워드리는 것을 의미합니다.

온전한 예배는 마음을 온전히 드리는 것입니다. 어떠한 의식이 아닙니다. 어떤 분은 온전히 예배드린다 해서 주보에 쓰여진 순서대로 진행하고 참여하는 것을 전부로 여길 수 있는데 그렇지 않습니다.

둘째, 이 (　　　)를 본받지 말아야 할 것입니다.

'이 세대'를 무엇이라 생각하십니까? 이 세대는 한 마디로 본받지 말아야 할 대상입니다. 성경적이 아닌 것은 다 이 세대입니다. 사람의 뜻, 전통, 유행, 인간적 문화, 자기 정욕 같은 것입니다.

• 정답 : 영적 예배, 세대

셋째, 하나님이 기뻐하시는 뜻을 (   )하여 시행해야 할 것입니다(마 7:21).

우리는 하나님이 기뻐하시는 일이 무엇인지 제대로 알고 그대로 실천해야 합니다. 소요리 문답 1문에 보면 "하나님을 기쁘시게 하는 것이 인생의 제일 목적이라."라고 했습니다(고전 10:31, 롬 11:36, 시 73:24-26, 요 17:22-24).

그렇다면 하나님께서는 무엇을 기뻐하십니까?

① 믿음을 기뻐하십니다(히 11:6).
② 말씀의 능력을 믿는 신앙을 기뻐하십니다(마 8:10).
③ 성도의 화목과 친교를 기뻐하십니다(시 133:1).
④ 성령충만을 기뻐하십니다(눅 10:21).
⑤ 정직을 기뻐하십니다(대상 29:17).
⑥ 순종을 기뻐하십니다(삼상 15:22).
⑦ 충성을 기뻐하십니다(마 25:21).
⑧ 회개를 기뻐하십니다(눅 15:24, 마 18:22).

성도는 하나님께서 기뻐하시는 것을 알고 실천해야 합니다.
하나님께 온전히 나를 드리는 영적 예배자가 되시길 바랍니다.
또한 이 세대를 본받지 마시고, 하나님이 기뻐하시는 뜻이 무엇인지 분별하고 노력하시길 바랍니다.

• 정답 : 분별

○ 말씀과 함께 하는 나눔 [koinonia]

1. 설교 본문을 한번 더 읽고 본문이 주는 은혜를 나눠봅시다.

2. 우리는 성도로서 어떤 노력을 기울여야 할까요? 본문에서 세 가지를 찾아봅시다.

3. 나는 하나님이 기뻐하실 일을 감당하며 살고 있습니까? 서로 이야기 나눠봅시다.

기도나누기

2. 확실한 것을 끝까지 잡자

• 본문 | 히 3:14
• 찬송 | 74장, 382장, 430장

오늘 말씀에서는 "우리가 시작할 때에 확신한 것을 끝까지 견고히 잡고 있으면 그리스도와 함께 참여한 자가 되리라"라고 했습니다.
이 말씀은 다음 세 가지를 말하고 있습니다.

첫째, 확실한 목적으로 시작하라.
둘째, 꾸준한 노력으로 끝까지 행하라.
셋째, 그럼으로 예수님과 함께 영광의 처소에 참예하라.
다시 말해 하나는 목적이고 하나는 방법에 관한 것이며 하나는 결과를 말씀하신 것입니다.

믿는 자들이 절대 변하지 않고 지켜야 할 최고의 목표는 무엇입니까?

첫째는 오직 하나님의 (　　　　)입니다.
소요리 문답 1문에서는 "사람의 제일되는 목적이 하나님을 영화롭게 하고 영원토록 그를 즐거워하는 것이라."고 했고, 고린도전서 10장 31절에는 "너희는 먹든지 마시든지 무엇을 하든지 하나님의 영광을 위하여 하라"고 하셨습니다. 목적이 하나님의 영광이니까 나의 행복관과 삶의 방법도 하나님의 영광에 두어야 하는 것입니다.

• 정답 : 영광

둘째, 그 다음 목표는 하나님의 (   )대로 사는 것입니다.

하나님의 뜻대로 사는 것이 두 번째 목표가 되는 이유는 이것이 바로 하나님께 영광 돌리는 방법이기 때문입니다.

누가복음 12장 32절에는 "적은 무리여 무서워 말라 너의 아버지께서 그 나라를 너희에게 주시기를 기뻐하신다"고 하셨습니다.

셋째, 우리의 최종 목적지는 (   )임을 확인해야 합니다.

현실에 목적을 두면 두 마리 토끼를 따르는 격이 됩니다. 그렇게 되면 금방 피곤해지고 죽어도 성취 못하는 경우가 많을 것입니다.

이 세상은 나그네길입니다. 영생에 비하면 이 세상의 삶은 잠시 앉아 쉬었던 곳이라 할 정도로 찰나의 순간입니다. 우리의 목적지가 천국인 만큼 우리는 나그네처럼 살아야 할 것입니다.

마지막으로는 확실한 것을 끝까지 견고히 잡으십시오. 신앙생활도 불굴의 의지가 있어야 승리할 수 있습니다. 나아만은 일곱 번이라도 순종했고, 베드로는 깊은데로 가서 그물을 던졌습니다. 강한 순종과 불굴의 실천으로 노력해야 합니다.

자전거는 전진해야 쓰러지지 않습니다. 바다 위에 배가 풍랑을 이기는 것도 추진력 때문입니다. 우리들의 신앙생활에도 추진력이 계속될 때 시험을 이기고 목적 성취에 가까이 나갈 수 있습니다.

• 정답 : 뜻, 천국

말씀과 함께 하는 나눔 [koinonia]

1. 설교 본문을 한번 더 읽고 본문이 주는 은혜를 나눠봅시다.

2. 오늘 말씀을 통해 우리가 어떤 목적을 가지고 살아야 하며 목적 달성을 위해 어떻게 노력해야 할지 이야기 나눠봅시다.

3. 우리의 일상에서 어떤 노력을 기울여야 하나님께 영광이 되는지 각자의 생각을 이야기 해봅시다.

기도나누기

3. 기독교인의 성공관

• 본문 | 창 12:1~5

• 찬송 | 408장, 411장, 438장

성경에서는 '성공(success)'을 '형통(prosper)'이라는 말로 표현하고 있습니다. 형통이란 단어의 사전적 뜻을 살펴보면 '자신이 하고 싶은 일을 제한 없이 한다.'라는 뜻을 갖고 있습니다. 우리 믿는 자들의 성공은 형통함에 있습니다.

성경에 부자 농부는 농사가 잘 되어 많은 곡식을 거두어 창고에 가득 쌓아 놓고는 "내 영혼아 먹고 마시고 즐거워하자"라며 기뻐합니다.
부자 농부는 오늘도 풍년, 내일도 풍년이어서 평생 기름진 곡식을 먹고 마시고 즐길 수 있다고 생각합니다. 하지만 하나님은 뭐라고 말씀하십니까?
"하나님은 이르시되 어리석은 자여 오늘밤에 네 영혼을 도로 찾으리니 그러면 네 준비한 것이 누구의 것이 되겠느냐 하셨으니" (눅 12:20)
부자 농부와 같이 어리석게 인생을 허비하지 마시기 바랍니다.

그렇다면 진정한 성공이란 무엇입니까?

첫째, 예수님을 믿고 (   )받는 것이 성공입니다.
우리의 신앙을 돌이켜 봅시다. 한창 뜨거울 때는 당당하다가 시간이 가면서 신앙이 식어 위축된다면 정말 안타까운 일입니다. 요동없이 나아가야 합니다. 예수님을 믿는 우리들은 마지막에 예수님이 부르실 때,

• 정답 : 구원

예수님 앞에 당당히 설 수 있어야 합니다. 그 사람이 진정으로 성공한 사람입니다.

둘째, 인생 최대의 성공은 (   )에게 사랑을 베푸는 자입니다.

교회를 헬라어로 '에클레시아(Eccelsia)'라고 합니다. 에클레시아는 '밖으로 끄집어 낸다.'라는 뜻이 있습니다. 하나님은 우리를 혼탁한 세상 가운데서 끄집어내어 하나님의 몸 된 교회에 옮겨 심으시고, 말씀을 배우고 전도 훈련을 받아 다시 세상으로 나아가게 하셨습니다.

교회의 대상은 결코 믿음의 식구들이 아닙니다. 세상입니다. 이웃입니다. 믿는 자의 확실한 성공이란, 이웃에게 사랑을 전하는 일입니다.

셋째, 인생 최고의 성공은 내세의 (   )을 가지는 것입니다.

이 땅의 고통과 번민을 없애고, 저 천국의 소망을 바라본다면 실망하거나 슬퍼하거나 스트레스 받을 일이 없습니다. 우리의 인생은 짧습니다. 그러나 우리 믿는 자들에게는 천국 소망이 있습니다. 우리가 하나님께 예배를 드리는 것도 영생을 준비하는 과정입니다.

천국과 지옥, 이것은 실제로 존재합니다. 천국으로 가는지 지옥으로 가는지는 죽어서가 아니라 우리가 살아있는 동안에 결정됩니다. 내 마음에 계신 예수님을 믿느냐, 믿지 않느냐로 결정되는 것입니다.

"예수께서 이르시되 내가 곧 길이요 진리요 생명이니 나로 말미암지 않고는 아버지께로 올 자가 없느니라" (요 14:6)

마지막으로 교회의 성공은 부흥입니다. 알차게 준비해서 반드시 부흥의 감격을 느꼈으면 좋겠습니다. 반드시 부흥하고 성장한다는 사실을 믿고 나아가시길 바랍니다.

• 정답 : 이웃, 소망

○ 말씀과 함께 하는 나눔 [koinonia]

1. 설교 본문을 한번 더 읽고 본문이 주는 은혜를 나눠봅시다.

2. 내가 생각하고 준비하고 있는 성공의 기준과 오늘 말씀의 성공의 기준과는 어떤 차이점이 있는지 이야기 나눠봅시다.

3. 서로 기도 제목을 나누고 함께 기도합시다.

기도나누기

4. 진정한 사귐

• 본문 | 요일 1:1~10

• 찬송 | 325장, 330장, 338장

요한은 오늘 본문 말씀 1~2절을 통해 오랫동안 교제했던 한 대상에 대해 설명하고 있습니다.

1~2절에 보면 "태초부터 있는 생명의 말씀에 관하여는 우리가 들은 바요 눈으로 본 바요 자세히 보고 우리의 손으로 만진 바라 이 생명이 나타내신 바 된지라 이 영원한 생명을 우리가 보았고 증언하여 너희에게 전하노니 이는 아버지와 함께 계시다가 우리에게 나타내신 바 된 이시니라"라고 했습니다.

여기서 태초는 헬라어로 '아르케'라고 하는데, 이는 하나님께서 우리 인간을 창조하셨던 그 태초를 말하고 있는게 아니라, 하나님께서 계셨던 영원 전의 그 처음 시작점을 말합니다. 그때부터 생명의 말씀이 있었다고 말하고 있습니다. 바로 그 보이지 않았던 생명의 말씀이 육신을 입고 오셨고 이제는 그 성육신의 실체에 대해 사귐을 갖게 되었다고 말하고 있습니다.

요한은 태초부터 있었던 그 말씀을 우리가 귀로 듣게 되었고, 눈으로 보게 되었고 우리 손으로 직접 만졌다고 기록하고 있습니다. 교회 공동체가 아름답게 성장하려면 이런 사귐이 있어야 합니다.

그렇다면 우리는 믿음의 식구와 더불어 어떤 사귐이 있어야 합니까?

첫째, 말과 (   )이 다르면 안 된다고 성경은 말하고 있습니다.

6절에는 "만일 우리가 하나님과 사귐이 있다 하고 어둠에 행하면 거짓말을 하고 진리를 행하지 아니함이거니와"라고 기록되어 있습니다. 내 안과 밖을 살피시기 바랍니다.

둘째, 주 안에서 온전한 사귐은 곧 (   )으로 이어집니다.

7절에 "그가 빛 가운데 계신 것 같이 우리도 빛 가운데 행하면 우리가 서로 사귐이 있고 그 아들 예수의 피가 우리를 모든 죄에서 깨끗하게 하실 것이요"라고 했습니다. 요한은 예수님과 교제할 때 한가지 중요한 행동을 요구합니다. 빛 가운데로 행하라는 것입니다. 빛 가운데로 행하면 주 안에서 아름다운 교제로 인해 믿음으로 예수의 피를 힘입어 죄 사함을 받게 된다고 말씀하고 있습니다.

셋째, (   )하지 못한 사귐에 빠져들어선 안 될 것입니다.

8절 말씀에 "만일 우리가 죄가 없다고 말하면 스스로 속이고 또 진리가 우리 속에 있지 아니할 것이요"라고 했습니다. 여기서 우리가 죄가 없다고 말하는 것, 또한 스스로 속이는 것은 당시 교회 안에 파고들고 거짓 사상을 퍼트리는 영지주의자들을 염두에 두고 한 말입니다. 영지주의자들은 우리 인간이 죄를 지었다는 사실, 인간은 타락했다는 사실을 거부했습니다.

그로 인해 예수님의 대속을 부정하며 당시 교회를 혼란하게 했던 이단이었습니다. 요한은 이런 영지주의자들의 생각이 그릇되다는 것을 분명하게 설명하고 있습니다.

9절에 "만일 우리가 우리 죄를 자백하면 그는 미쁘시고 의로우사 우리 죄를 사하시며 우리를 모든 불의에서 깨끗하게 하실 것이요"라고 했으며,

• 정답 : 행동, 죄사함, 온전

10절에 "우리는 죄인인데 우리가 범죄하지 아니하였다하면 하나님을 거짓말하는 분으로 만드는 것이니 그 말씀이 우리속에 있지아니하리라"라고 했습니다.

하나님과 온전한 사귐을 사모합시다. 또한 내가 아는 불신자들에게 접촉하여 전도할 수 있도록 노력합시다. 의지를 가지고 노력한다면 하나님께서 큰 결실로 채워주실 것을 믿습니다.

○ 말씀과 함께 하는 나눔 [koinonia]

1. 설교 본문을 한번 더 읽고 본문이 주는 은혜를 나눠봅시다.

2. 믿음 안에서 사귄다는 것이 어떤 의미를 지니고 있는지 본문에서 찾아 서로 이야기 나눠봅시다.

3. 이단에 빠졌었거나 이단을 전하는 자들과 이야기 나눈 적이 있습니까? 그때 상황을 이야기해보고 이단들을 어떻게 대처해야 할지 이야기 나눠봅시다.

기도나누기

5. 여호와께 돌아가자

• 본문 | 호 6:1~2

• 찬송 | 411장, 430장, 446장

오늘 본문에서는 "여호와께서 우리를 찢으셨으나 도로 낫게 하실 것이요"라고 했습니다. '찢다'는 히브리어로 '타라프'라고 하는데 이 뜻은 사자가 먹이를 찢는 것처럼 심판이 가혹함을 암시합니다(5:14;시 50:22). 왜 이스라엘 백성을 아니, 우리를 찢으셨습니까? 타락과 우상숭배로 인한 하나님의 진노하심 때문이었습니다.

하나님은 우리의 인생을 이끌어 가고자 하는 분명한 목적을 가지고 계십니다. 바로 우리를 생명으로, 영생으로 옮겨놓으시려는 계획입니다. 하나님이 함께하시지 않는다면 우리는 타락할 수밖에 없습니다.

그렇다면 우리는 언제 타락하게 될까요?

첫째, 하나님을 잊으면 (   )합니다.

오늘 본문의 배경은 이스라엘의 남북조 시대입니다. 북쪽은 이스라엘이었고, 남쪽에는 유다가 있었습니다. 이 때는 풍성한 시대로 배불렀기 때문에 하나님을 찾지 않고, 교만한 시대가 되었습니다(호 13:6). 이 당시에는 제사장들 조차도 하나님의 말씀을 선포하지 않았고 말씀대로 살라고 외치지도 않았습니다. 말씀대로 살 것을 외치지 않으니 백성들은 자신의 유익과 쾌락을 좇아가기만 하였습니다.

그러나 하나님은 우리가 모든 것을 다해서 하나님을 사랑하기를 원하

• 정답 : 타락

십니다. 우리는 믿는다고 하면서도 그 마음속에 하나님보다 향락과 물질을 더 사랑하고 하나님의 말씀보다 세상 것들을 따라가고 있습니다. 우리가 악한 영과 싸울 수 있는 힘의 동력이 무엇입니까? 하나님입니다. 하나님께 돌아오지 못하면 아무리 악한 영과 싸우려해도 백전백패입니다. 하나님께 돌아오십시오.

둘째, 하나님은 (   )로 우리의 길을 막을 수도 있습니다.

"그러므로 내가 가시로 그 길을 막으며 담을 쌓아 저로 그 길을 찾지 못하게 하리니" (2:6)

사랑하는 자녀가 위험한 곳으로 가고 있는데 그냥 버려 둘 부모는 아무도 없습니다. 하나님은 우리를 사랑하시기 때문에 우리 영혼이 죽는 방향으로 나갈 때 그냥 두시지 않습니다.

"여호와께서 내게 이르시되 이스라엘 자손이 다른 신을 섬기고 건포도 떡을 즐길 찌라도 여호와가 저희를 사랑하나니" (호 3:1)

하나님은 우리를 사랑하시기 때문에 가시와 담으로 막으십니다. 우리는 하나님의 가시 울타리를 알아야 합니다. 그러나 예수님 품으로 돌아오기만 하면 그것이 곧 회복의 길입니다. 혹시 가시를 느끼고 계십니까? 하나님께서 가시 울타리를 치셨습니까? 가시를 밀고 나가려고 하면 머리 끝부터 발 끝까지 다 피투성이가 됩니다. 그때는 그냥 "이 가시 울타리를 치워주세요." 하고 예수님을 부르십시오.

예수님께 돌아가야 합니다. 한주간 어떤 생각, 어떤 일을 하셨든지 내가 주님 뜻대로 살지 못하고 세속적인 삶 속에 얽매였다고 생각하셨다면, 그 마음에서 완전히 돌아오게 해달라고 기도하셔야 합니다.

"오라 우리가 여호와께로 돌아가자 여호와께서 우리를 찢으셨으나 도로

• 정답 : 가시

낫게 하실 것이요 우리를 치셨으나 싸매어 주실 것임이라 여호와께서 이틀 후에 우리를 살리시며 제 삼일에 우리를 일으키시리니 우리가 그 앞에서 살리라" (호 6:1-2)

예수님께 돌아오면 그 앞에서 우리는 살게 됩니다. "우리가 그 앞에서 살리라"**는 그 믿음이 영원하길 소망합니다.**

○ 말씀과 함께 하는 **나눔** [koinonia]

1. 설교 본문을 한번 더 읽고 본문이 주는 은혜를 나눠봅시다.

2. 우리는 언제 타락하게 되고, 타락할 때 하나님은 어떻게 행하시는지 오늘 본문을 살펴보고 이야기를 나눠봅시다.

3. 나는 온전히 하나님께 돌아와 있습니까? 아직도 하나님 뜻대로 행하지 못하는 것이 있다면 이야기를 나눠봅시다.

기도나누기

6. 믿음의 말대로 된다

• 본문 | 민 14:28

• 찬송 | 182장,213장, 251장

모든 지혜와 지식의 근본은 말씀에서 나옵니다.

"여호와를 경외하는 것이 지혜의 근본이요 거룩하신 자를 아는 것이 명철이니라" (잠 9:10)

믿음의 말로 행한다면 모든 것을 극복하고 승리할 수 있습니다. 말이 기적을 나타냅니다. 우리의 말을 하나님이 기뻐하시는 언어로 바꾸어야 합니다.

첫째, 말에는 ( )이 나타납니다.

오늘날 우리에게 은혜주시고 더욱 견고한 믿음의 사람으로 세우는 것은 말씀입니다. 오늘 본분 말씀에 "그들에게 이르기를 여호와의 말씀에 내 삶을 두고 맹세하노라 너희 말이 내 귀에 들린 대로 내가 너희에게 행하리니"라고 했습니다. 우리는 이러한 말씀을 믿고 나아가야 합니다.

둘째, 모든 행복은 ( )로써 결정됩니다.

모세는 약속의 땅 가나안을 살펴보고자 12명의 정탐꾼을 가나안으로 보냈습니다. 그런데 10명의 정탐꾼이 "우리는 능히 저들을 칠 수 없습니다. 키가 장대하고 우리보다 강해서 결코 그 땅을 취할 수 없습니다."라고 보고했습니다. 이스라엘 백성들은 10명의 정탐꾼의 말을 듣고 실의에 빠지게 되었습니다.

• 정답 : 능력, 말

민수기 14장 1절에 "온 회중이 소리높여 부르짖으며 백성들이 밤새도록 통곡하였더라"라고 했습니다. 백성들은 말 한마디에 밤새워 통곡하였습니다. 그리고 지도자 모세와 아론을 원망하기 시작했습니다.
민수기 14장 2~3절 말씀에 "이스라엘 자손이 다 모세와 아론을 원망하며 온 회중이 그들에게 이르되 우리가 애굽 땅에서 죽었거나 이 광야에서 죽었으면 좋았을 것을 어찌하여 여호와가 우리를 그 땅으로 인도하여 칼에 쓰러지게 하려 하는가 우리 처자가 사로잡히리니 애굽으로 돌아가는 것이 낫지 아니하랴"라고 했습니다.

백성들은 부정적인 말로 인해 부정적인 생각에 빠져들었고, 급기야 지도자 모세와 아론을 대적하기 시작한 겁니다. 이런 백성들의 모습을 보고 하나님은 진노하셨습니다. 결국 부정적인 말을 했던 10명의 정탐꾼으로 인해 이스라엘 백성들은 심판을 받게 되었습니다.
"너희의 시체는 이 광야에서 엎드러질 것이요" (민 14:32)
또한 불평하고, 원망하던 사람들도 땅이 갈라져 그 속에 빠져 죽었습니다.
"그가 이 모든 말을 마치자마자 그들이 섰던 땅바닥이 갈라지니라 땅이 그 입을 열어 그들과 그들의 집과 고라에 속한 모든 사람과 그들의 재물을 삼키매 그들과 그의 모든 재물이 산 채로 스올에 빠지며 땅이 그 위에 덮이니 그들이 회중 가운데서 망하니라" (민 16:31-33)

믿음의 말은 성령과 연결되어 있습니다. 복된 말을 하시길 바랍니다. 하나님은 믿음의 말을 듣기 원하십니다. 믿음의 말대로 됩니다. 늘 칭찬과 배려의 말, 믿음의 말로 교회를 아름답게 세워가시기 바랍니다.

○ 말씀과 함께 하는 나눔 [koinonia]

1. 설교 본문을 한번 더 읽고 본문이 주는 은혜를 나눠봅시다.

2. 10명의 정탐꾼의 부정적인 말로 인해 이스라엘 백성들이 어떤 심판에 처하게 되었는지 그 과정을 본문을 중심으로 이야기해봅시다.

3. 말 실수를 한 적이 있다면 이야기해보고 말을 지혜롭게 하는 방법에 대해서도 이야기 나눠봅시다.

기도나누기

7. 살아서 움직이는 교회

• 본문 | 행 2:42~47
• 찬송 | 422장, 461장, 528장

교회는 '에클레시아'라는 단어인데 본래 이 단어는 회중, 성도를 의미합니다. 교회라는 말 자체가 사람이라는 것입니다. 또한 에클레시아는 '불러내다'라는 의미가 있습니다. 이 단어는 믿는 자들이 구원받지 못한 많은 자들을 교회로 불러내야 한다는 의미와 세상을 향해 복음을 증거하게 하는 장소라는 의미를 지니고 있습니다. 교회는 크게 두 가지로 나눠볼 수 있는데 먼저 나 자신이 바로 교회입니다.
내가 교회가 되어야 합니다. 예수 믿는 사람의 심령은 하나님의 성령이 거하시는 성전입니다(고전 3:16, 6:19).
고린도전서 3장 16~17절 말씀에 "너희가 하나님의 성전인 것과 하나님의 성령이 너희 안에 거하시는 것을 알지 못하느뇨. 누구든지 하나님의 성전을 더럽히면 하나님이 그 사람을 멸하시리라 하나님의 성전은 거룩하니 너희도 그러하니라"라고 했습니다.

우리 자신이 성전이기에 마음가짐부터 바로 해야 합니다. 마음도 정신도 육체도 건강하고 즐겁게 가꾸시기 바랍니다. 나 자신을 가꾸는 일이 성전을 바로 세우는 일입니다. 나부터 다스리시기 바랍니다.
또한 가시적으로 눈에 보이는 교회 공동체가 있습니다. 그렇다면 교회는 어떻게 해야 생명력있는 교회로 거듭납니까? 초기 예루살렘의 교회는 성령이 운행하시는 거룩한 교회요, 생명력 있는 공동체였습니다.

예루살렘 교회에서 우리는 무엇을 배울 수 있을지 살펴봅시다.

첫째, (   )을 받아야 합니다.

42절에 "저희가 사도의 가르침을 받아"라고 했습니다. 예루살렘 교회의 가장 큰 특징은 성도들이 사도들에 의해 가르침을 받았다는 것입니다.

둘째, 서로 (   )해야 합니다.

인간은 의존적인 존재입니다. 또한 교제하는 존재입니다. 신앙 안에서도 마찬가지입니다. 42절에 사도들의 가르침을 받아 서로 교제했다고 기록하고 있습니다. 교제가 이루어지지 않으면 교회를 다녀도 소속감이 없습니다. 성경은 서로 섬기라했는데 그 근간은 교제함으로 비롯됩니다. 교제함으로 섬기는 것입니다.

셋째, (   )하기에 힘썼습니다.

42절에 "그들이 사도의 가르침을 받아 서로 교제하고 떡을 떼며 오로지 기도하기를 힘쓰니라"라고 했습니다.

기도는 그리스도인들에게 생명 줄과 같습니다. 기도는 나와 하나님을 연결하는 탯줄과 같은 것입니다. 믿음이 약해지고, 술에 술탄 듯 물에 물탄 듯 신앙생활하는 것은 기도의 위력을 체험하지 못해 그렇습니다.

마태복음 21장 13절에 "내 집은 만민의 기도하는 집이라"라고 했습니다. 하나님의 성전된 교회는 기도의 불이 타오를 때 거룩할 수 있습니다. 예수님은 생명력있는 교회를 세우기 원하십니다. 모이고 교제하고, 기도하는 일에 열심을 내야 합니다. 그렇게 힘쓰고 노력할 때 하나님께서 진정한 부흥을 허락하실거라 믿습니다.

• 정답 : 가르침, 교제, 기도

○말씀과 함께 하는 나눔 [koinonia]

1. 설교 본문을 한번 더 읽고 본문이 주는 은혜를 나눠봅시다.

2. 살아서 움직이는 교회가 되기 위해서 어떤 조건과 노력이 필요합니까? 오늘 본문을 중심으로 세 가지를 찾아봅시다.

3. 나는 온전한 가르침을 받고 믿음의 교제를 나누고 있습니까? 또한 열심히 기도하고 있습니까? 지금 내 신앙 상태에 대해 이야기를 나누어보고 서로를 위해 기도합시다.

기도나누기

8. 삭개오의 파산

• 본문 | 눅 19:1~10

• 찬송 | 252장, 286장, 421장

오늘 본문 말씀에서 예수님은 분명한 두 가지를 우리에게 보여 주고 있습니다.

첫째, 예수님은 분명한 (   )를 향해 가시고 계셨습니다.

1절 말씀에 "예수께서 여리고로 들어가 지나가시더라"라고 했습니다. 하지만 예수님의 최종 목적지는 예루살렘이었습니다. 예수님은 십자가의 구속을 성취하기 위해 예루살렘으로 향하시던 중이었습니다. 예루살렘으로 올라가던 중에 여리고성에서 많은 무리들이 예수님을 따랐고 그런 무리 중 한 사람이 바로 삭개오였던 것입니다.

예수님께서 여리고에서 만난 삭개오는 어떤 사람이었습니까? 2절 말씀에 "삭개오라 이름하는 자가 있으니 세리장이요 또한 부자라"라고 했습니다. 당시 세리들은 창기와 마찬가지로 유대사회에서 죄인 취급받았습니다. 삭개오는 예수님을 만나고 싶었지만 쉽게 만날 수 없었습니다. 삭개오는 예수님을 만나기 위해서 몇 가지 장애를 극복해야 했습니다.

3~4절 말씀에 "그가 예수께서 어떠한 사람인가 하여 보고자 하되 키가 작고 사람이 많아 할 수 없어 앞으로 달려가서 보기 위하여 돌무화과나무에 올라가니 이는 예수께서 그리로 지나가시게 됨이러라"라고 했습니다. 삭개오는 사람들이 너무 많아서 볼 수 없었고 키가 너무 작아서 예수님을 볼 수 없었습니다. 그래서 삭개오는 사람들을 뚫고 달려가서 돌무화과나무

• 정답 : 목표

에 올라갔던 것입니다. 예수를 믿는 것은 인생의 목적이요, 목표여야 합니다. 삭개오처럼 내가 가지고 있는 영적 장애를 극복하시기 바랍니다.

둘째, 예수님께서 먼저 (   )를 부르셨습니다.

5~6절에 "예수께서 그 곳에 이르사 쳐다 보시고 이르시되 삭개오야 속히 내려오라 내가 오늘 네 집에 유하여야 하겠다 하시니 급히 내려와 즐거워하며 영접하거늘"이라고 기록되어 있습니다.

예수님은 오늘도 우리를 인격적으로 부르고 계십니다. 우리가 죄에 빠져 헤맬 때도 애타게 우리를 부르고 계셨습니다. 우리의 영적 귀가 멀고 영적 눈이 어두워져 주님의 음성을 듣지 못했고, 주님을 보지 못했을 뿐입니다. 그러나 삭개오는 예수님의 부르심에 즉각적으로 반응했습니다.

셋째, 삭개오가 예수님을 영접한다는 것은 곧 (   )을 의미합니다.

8절 말씀에 "삭개오가 서서 주께 여짜오되 주여 보시옵소서 내 소유의 절반을 가난한 자들에게 주겠사오며 만일 누구의 것을 속여 빼앗은 일이 있으면 네 갑절이나 갚겠나이다"라고 했습니다. 소유의 절반을 가난한 자를 위해 사용하겠다고 말합니다. 당시 랍비들에 의해 제시된 구제비는 수입의 20%입니다. 그런데 삭개오는 무려 50%입니다. 수입액의 반이 아닌, 전 재산의 반입니다. 또한 삭개오는 남을 속여 빼앗은 것은 4배나 갚겠다고 고백합니다. 원래 율법에 부정한 것으로 돌려줄 때는 1/5을 덧붙여 상환해야 한다고 규정하고 있습니다(레 6:5, 민5:7). 그런데 무려 4배를 거론합니다. 율법에 남의 것을 도적질한 것은 4배로 갚아야 한다는 규정도 있으나(출 22:1, 삼하 12:6) 삭개오는 부정한 방법으로 돈을 벌어들인 것이지 도적질을 하지 않았습니다. 게다가 삭개오가 자신의 약속한대로 행한다면 그의 경제는 파산 상태가 됩니다. 그럼에도 불구하고 삭개오는 4배로 갚겠다고 말합니다. 이는 확실하고 확고한 회개의 결과입니다.

• 정답 : 삭개오, 파산

우리도 삭개오와 같이 마음을 다 비워야 구원받습니다. 내가 죽고, 그 안에 예수님이 살아야 비로소 구원에 이르게 되는 것입니다. 삭개오의 파격적 행위는 자기 중심의 삶을 전적으로 부정하고 새로운 삶을 살고자 하는 회개의 표시였던 것입니다. "예수께서 이르시되 오늘 구원이 이 집에 이르렀으니 이 사람도 아브라함의 자손임이로다 인자가 온 것은 잃어버린 자를 찾아 구원하려 함이니라" (9-10절)

삭개오는 구원받았습니다. 모든 것을 내려놓고 예수님의 사람이 되었습니다. 반복되는 일상에서 치열한 싸움 끝에 승리해서 마침내 완전한 구원을 얻어내는 믿음의 사람들이 됩시다.

○ 말씀과 함께 하는 나눔 [koinonia]

1. 설교 본문을 한번 더 읽고 본문이 주는 은혜를 나눠봅시다.

2. 삭개오가 예수님을 만나기 어려웠던 두 가지 장애가 무엇이었는지 이야기 해보고 어떻게 극복했는지도 이야기해봅시다.

3. 새신자나 교회 처음 나온 성도가 교회에 잘 정착하지 못하는 이유가 있다면 왜 그런지 이야기를 나눠보고 그들을 위해 어떤 노력도 기울여야 할지도 이야기 나눠봅시다.

기도나누기

9. 함께 _Together

• 본문 | 전 4:9-12

• 찬송 | 221장, 222장, 249장

솔로몬이 기록한 전도서의 첫마디는 "헛되고 헛되고 헛되니 모든 것이 헛되다"라고 기록되어 있습니다. 이 고백은 인생 자체가 헛되다는게 아니라, 하나님과 함께 하지 않는 삶이 헛되다는 자기 체험에서 나온 신앙 고백입니다. 전도서의 마지막, 12장 13절에 보면 "일의 결국을 다 들었으니 하나님을 경외하고 그의 명령들을 지킬지어다 이것이 모든 사람의 본분이니라"라고 결론을 내리고 있습니다.

솔로몬은 인생의 말년에 우리 인생의 본분이 다시 하나님께 돌아가는 것이라는 것을 처절하게 깨달았던 것입니다. 예수님을 믿는다면 우리는 홀로 살아가선 안 됩니다. 우리가 진정한 믿음으로 살기 위해서는 함께 나아가야 합니다.

에베소서 2장 22절에 "너희도 성령 안에서 하나님의 거하실 처소가 되기 위하여 예수 안에서 함께 지어져 가느니라"라고 했습니다.

이처럼 믿음의 공동체는 예수님 안에서 함께 지어져 가는 겁니다.

그렇다면 함께 하면 어떤 유익이 있습니까?

첫째, 함께 하면 (   ) 줄 수 있습니다.

전도서 4장 10절에는 "혹시 그들이 넘어지면 하나가 그 동무를 붙들어 일으키려니와 홀로 있어 넘어지고 붙들어 일으킬 자가 없는 자에게는 화가

• 정답 : 붙들어

있으리라"라고 기록되어 있습니다. 그렇기 때문에 우리는 신앙생활 뿐만 아니라, 일상의 삶도 함께 하는 삶을 만들어가야 합니다. 믿는 사람들은 하나님의 자녀로서 하나로 묶여 있어야 합니다. 성령으로 묶여 있어야 합니다.

하나님의 사랑에서 벗어난 자는 영적인 절망 상태로 빠져들어갈 수밖에 없습니다. 그러나 하나가 되면 결코 쓰러지지 않습니다. 넘어지지 않습니다.

둘째, 함께 하면 따뜻한 (   )을 나눌 수 있습니다.

전도서 4장 11절에는 "또 두 사람이 함께 누우면 따뜻하거니와 한 사람이면 어찌 따뜻하랴"라고 했습니다. 이와 같이 혼자 산다는 것이 얼마나 외롭고 쓸쓸한 일입니까?

하나님께서는 이런 문제를 해결하기 위해서 우리를 혼자 두지 않으셨습니다. 함께 누워 살라고 가정을 주셨습니다. 그리고 교회 공동체를 주셨습니다. 그런데 함께 하는데도 기술이 필요합니다. 서로에게 상처를 주지 않을 만큼의 거리만 두고 붙는 것입니다.

셋째, (   ) 하면 능히 이길 수 있습니다.

전도서 4장 12절에는 "한 사람이면 패하겠거니와 두 사람이면 맞설수 있나니 세겹줄은 쉽게 끊어지지 아니하느니라"라고 했습니다. 우리는 함께 할 때 힘을 얻고 승리할 수 있습니다. 승리의 길은 함께 하는 것입니다. 하나님이 우리에게 붙여주신 가정, 그리고 교회 공동체와 함께 하면서 넘어진 자를 붙들어 주고, 사랑을 나누면서 힘을 얻고 승리하시기 바랍니다.

• 정답: 사랑, 함께

○말씀과 함께 하는 나눔 [koinonia]

1. 설교 본문을 한번 더 읽고 본문이 주는 은혜를 나눠봅시다.

2. 함께 하면 어떤 유익이 있는지 본문을 중심으로 이야기 나눠봅시다.

3. 우리가 교회적으로 함께 나눌 일이 있다면 어떤 것들이 있을까요? 이야기 나눠보고 실천 가능한 것들을 실천해봅시다.

기도나누기

10. 은혜의 자리로 돌아오라

• 본문 | 요 12:1~8

• 찬송 | 270장, 289장, 304장

오늘 본문에는 누구보다 예수님께로부터 큰 은혜를 받은 한 가족이 나옵니다. 바로 죽었다 살아난 나사로 가족입니다. 큰 은혜를 입은 나사로 가족의 모습을 통해 은혜 입은 우리는 어떻게 행동하며 살아야 할지 살펴봅시다. 진정으로 하나님의 은혜 입은 자는 어떤 자입니까?

첫째, 하나님의 (　　　) 입은 자는 아끼지 않는 자 입니다.

오늘 본문의 배경인 기적의 동네 베다니에서는 큰 잔치가 열렸습니다. 나사로 가족이 예수님을 위해 잔치를 마련한 것입니다. 예수님께 어떤 은혜를 입었길래 예수님을 위해 잔치를 베풀었습니까?

나사로 가족은 가장이자 오라비인 나사로와 그의 두 여동생 마리아와 마르다가 있었습니다. 그중 마리아는 일곱 귀신들렸던 여인이었지만 예수님께서 귀신을 모두 쫓아내주셨습니다. 더할 수 없는 은혜였습니다. 그런데, 생계를 책임졌던 그의 오라비 나사로가 죽게 되었습니다. 막막한 상황, 더할수 없는 슬픔이 가득한 상황이었습니다. 그런데 예수님께서 죽었던 나사로까지 살려주셨던 것입니다.

우환이 끊이지 않았던 나사로 가족은 예수님의 은혜에 감사하지 않을 수 없었던 것입니다. 그래서 오직 예수님만을 위해 잔치를 베풀었습니다. 한참 잔치가 무르익을 때, 마리아는 아주 값비싼 향유를 들고 나왔

• 정답 : 은혜

습니다. 3절 말씀에 "마리아는 지극히 비싼 향유 곧 순전한 나드 한 근을 가져다가 예수의 발에 붓고 자기 머리털로 그의 발을 닦으니 향유 냄새가 집에 가득하더라" 라고 기록되어 있습니다. 마리아는 그 비싼 향유를 예수님 발에 아낌없이 부었던 것입니다. 이 나드 한근 가격이 삼백 데나리온이라고 성경에 기록되어있습니다.
1데나리온이 보통 노동자 하루 품삯이니, 삼백 데나리온이라 한다면 1년치 품삯에 속하는 고가입니다. 향유옥합을 아낌없이 깨뜨려 예수님께 드린 마리아처럼 예수님께 아낌없이 드리시기 바랍니다.

둘째, 하나님께 은혜받은 자라면 (   )에 연연하지 않습니다.

우리는 예수님께 정말 큰 것을 받은 자들입니다. 값으로 환산할 수 없는 은혜를 입은 자들입니다. 밭에 감추어진 어마어마한 보물을 발견한 사람은 그 보물을 합법적으로 얻기 위해 자신의 모든 재산과 소유를 팔아 그 밭을 샀습니다. 어마어마한 보물에 비해 자신의 재산과 소유는 하찮은 것이었습니다. 보물을 발견한 자는 자신의 작은 소유에 연연하지 않았습니다.
우리는 밭에 감추어진 보물을 발견한 자와 같습니다. 정말 대단한 것을 누리고 있습니다. 그러니 소소한 것, 즉 세상 일, 먹고 사는 일은 잊어버리시기 바랍니다. 어떻게 하면 부자가 될까? 어떻게 하면 더 높은 지위에 오를까? 이런 고민들은 잊고 살아야 합니다. 돈과 명예와 같은 것은 우리가 얻은 은혜에 비하면 아무것도 아닙니다. 은혜 받은 자답게 사시기 바랍니다. 은혜 앞에 나아오시기 바랍니다.
하나님은 하나님의 뜻대로 살지 않았던 이스라엘 백성들을 심판하셨습니다. 결국 이스라엘 백성들은 바벨론과 앗수르의 포로가 되었고 70년이라는 세월이 흘러 고향으로 돌아올 수 있었습니다. 고향 예루살렘

• 정답 : 작은 것

에 돌아온 사람들은 사명감이 있는 자들이었습니다. 무너진 하나님의 성전을 재건하고, "다시 하나님의 나라를 세우자!", "잃어버렸던 하나님 말씀에 순종하며 살자!" 하고 다짐했던 자들입니다. 힘들고 할 일이 많은 폐허의 땅에 돌아온 이스라엘 백성처럼, 우리는 은혜받은 자답게 은혜의 자리로 돌아와야 합니다.

말씀과 함께 하는 나눔 [koinonia]

1. 설교 본문을 한번 더 읽고 본문이 주는 은혜를 나눠봅시다.

2. 은혜받은 자는 어떻게 살아야 할지 본문에서 찾아 이야기 해봅시다.

3. 혹시 은혜의 자리를 떠났던 적은 없었습니까? 만약 있었다면 왜 그랬는지 또한 어떻게 돌아오게 되었는지 이야기 해봅시다.

기도나누기

11. 배신자 가롯유다

• 본문 | 마 26:17~25
• 찬송 | 259장, 305장, 422장

예수님은 오늘 제자들과 함께 하는 식사가 마지막 식사가 될 것이라는 사실을 아셨습니다. 그뿐만 아니라, 이제 곧 십자가에 달려 죽으실 것도 아셨습니다. 그 십자가의 고통이 얼마나 큰지도 아셨습니다. 모든 것을 아시는 예수님은 유월절 식사를 나누고 있는 중에 제자들에게 중대 선언을 합니다. 바로 이중에 배신자가 나온다고 말씀하셨던 것입니다. 그렇다면 가롯유다는 왜 배신자가 되었습니까?

첫째, 예수님이 자신의 (   )에 맞지 않아서 였습니다.
예수님을 믿는 것은 내 생각과 판단으로 믿는게 아닙니다. 예수님을 믿는 것은 철저히 예수님의 기준에 부합되어야만 합니다. 가롯유다처럼 자신의 판단이나 계산을 따라가지 마십시오.
오직 말씀따라 가십시오. 그 길이 사는 길입니다. 내 기준에 예수님을 끼워 넣지 마시고, 예수님의 비전에 나를 맞추십시오. 가롯유다가 배신자가 된 첫 번째 이유가 바로 그겁니다. 예수님의 비전에 자신을 맞춘게 아니라, 자신의 비전에 예수님을 이용하려 했던 것입니다.

둘째, 유다는 무엇보다 (   ) 때문에 무너졌습니다.
모든 죄는 탐욕에서 비롯됩니다. 십계명도 알고보면 다 탐욕에서 시작되는 죄에 대한 경고이자 계율입니다. "살인하지말라", "간음하지말라", "도적질하지말라", "이웃의 것을 탐하지말라" 등. 모두 탐욕 때문에 생기

• 정답 : 판단, 탐욕

는 일들입니다. 디모데전서 6장 10절 말씀에 "돈을 사랑함이 일만 악의 뿌리가 되나니"라고 기록되어 있습니다. 유다는 그 탐욕의 늪에 빠져 주님을 배신하고 만 것입니다.

셋째, 자기의 (　　　)을 다스리지 못했습니다.

탐욕은 마음에서 나오는 것입니다. 가룟유다는 마음을 제대로 다스리지 못했습니다. 사단은 우리를 넘어뜨릴 때 제일 먼저 마음부터 흔들어놓습니다. 요한복음 13장 2절 말씀에 "마귀가 벌써 시몬의 아들 가룟 유다의 마음에 예수를 팔려는 생각을 넣었더니"라고 기록하고 있습니다. 잠언 4장 23절 말씀에도 "무릇 지킬만한 것보다 더욱 네 마음을 지키라 생명의 근원이 이에서 남이니라"라고 기록되어 있습니다.

넷째, 결정적으로 유다는 (　　　)의 기회를 놓쳤습니다.

예수님은 가룟유다에게 회개할 기회를 여러 번 주셨습니다. 먼저 예수님은 제자들의 발을 씻기면서 첫 번째 경고를 하셨습니다. 요한복음 13장 10절 말씀에 "예수께서 가라사대 이미 목욕한 자는 발 밖에 씻을 필요가 없느니라 온 몸이 깨끗하니라 너희가 깨끗하나 다는 아니니라" 라고 했습니다. 유다는 이 말씀을 듣고 깨달았어야 합니다. 돌이켰어야 합니다. 하지만 안타깝게도 그러지 않았습니다.

예수님이 유다에게 준 두 번째 회개의 기회는 오늘 본문에 나와 있습니다. 예수님이 식사 중에 제자 중의 하나가 나를 팔 것이라고 선언하실 때, 유다는 위선자답게 "랍비여 나는 아니지요?"라고 물었습니다. 그때 예수님은 "너다, 네 일을 속히하라"라고 정확하게 직접적으로 유다에게 경고의 메시지를 보내셨습니다(마 26:25). 그런 경고를 받았음에도 유다는 회개하지 않았습니다. 세 번째 기회는 겟세마네 동산에서였

• 정답 : 마음, 회개

습니다. 누가복음 22장 48절 말씀에 "예수께 입을 맞추려고 가까이 하는지라 예수께서 이르시되 유다야 네가 입맞춤으로 인자를 파느냐 하시니"라고 했습니다. 예수님은 그렇게 말씀하시면서 회개치 못한 유다에게 안타까운 심정을 보이셨습니다. 그것은 어서 회개하라는 메시지였습니다. 하지만 유다는 회개하지 않았습니다.

우리의 영성을 병들게 하고, 우리의 신앙을 갉아먹는 악한 사단의 세력에서 꿋꿋이 일어나 승리할 수 있어야 합니다. 최후 승리를 얻기까지 예수님의 십자가를 사랑하며, 예수님의 복음을 전하며 승리하시기 바랍니다.

말씀과 함께 하는 나눔 [koinonia]

1. 설교 본문을 한번 더 읽고 본문이 주는 은혜를 나눠봅시다.

2. 가룟유다는 왜 예수님을 배신하게 되었습니까? 본문을 잘 읽어보고 그 이유를 찾아 이야기해봅시다.

3. 신앙생활을 하면서 가룟유다처럼 예수님을 배신하고, 회개하지 못한 적이 있습니까? 서로 이야기 해보고 회개할 부분이 있다면 이 시간을 통해 회개기도 합시다.

기도나누기

12. 예수님과 친구가 되라

• 본문 | 마 26:36~46
• 찬송 | 270장, 369장, 440장

예수님의 주위에는 수많은 사람들이 있었고, 항상 그를 따랐던 12명의 제자가 있었지만 특별히 더 가까운 친구같은 제자가 있었습니다. 바로 베드로와 세베대의 두 아들, 야고보와 요한입니다.
이들은 늘 예수님을 그림자처럼 따라 다녔습니다. 예수님께 이들은 제자이면서도 당신의 속마음까지 나눌 수 있는 진정한 친구였습니다.
겟세마네 동산에서 예수님은 제자들에게 기도할 것을 요청하셨습니다. 다른 제자들에게는 이곳에서 기도하라고 장소를 지정해주셨는데 특별히 베드로와 세베대의 두 아들은 더 깊은 곳으로 데리고 가셨습니다. 37~38절을 보면 "베드로와 세베대의 두 아들을 데리고 가실새"라고 기록되어 있습니다. 예수님은 적어도 당신만이 알고 있는 속 얘기, 비밀 얘기 등을 이들 세 명의 제자에게는 늘 말씀하셨다는 것입니다. 이처럼 예수님은 우리와 친구되기 원하십니다.

그렇다면 우리는 예수님과 어떻게 친구가 될 수 있습니까?

첫째, 예수님과 친구되기 위해 (   )해야 합니다.
기도는 대화입니다. 소통이 이루어지는 유일한 통로입니다. 예수님과 대화하십시오. 예수님께서 왜 힘들게 겟세마네에 올라오셨습니까? 예수님도 기도하시기 위함이었습니다.

• 정답 : 기도

기도는 예수님과 친구되는 길이지만, 기도는 또한 실타래처럼 엉켜진 내 인생의 문제를 푸는 열쇠이기도 합니다.

빌립소서 4장 6~7절 말씀에 "아무 것도 염려하지 말고 오직 모든 일에 기도와 간구로, 너희 구할 것을 감사함으로 하나님께 아뢰라 그리하면 모든 지각에 뛰어난 하나님의 평강이 그리스도 예수 안에서 너희 마음과 생각을 지키시리라"라고 했습니다.

기도는 특별히 고난당할 때 더 큰 힘을 발휘합니다. 그래서 성경은 고난당할 때 다른 것 하지 말고 기도하라 말씀하고 계신 것입니다. 야고보서 5장 13절 말씀에 "너희 중에 고난 당하는 자가 있느냐 그는 기도할 것이요"라고 했습니다. 어렵다고, 힘들다고, 고난이 다가온다고 낙심하지 마시고 기도하시기 바랍니다.

둘째, (　　)에 젖은 신앙생활에서 벗어나야 합니다.

타성에 젖는 신앙생활은 겉만 움직이는 행위이지, 결코 믿음이 되지 못합니다. 제자들은 예수님께서 잡히시는 이 중요한 시기에 잠에 빠져 있었습니다. 타성에 빠져 있었던 것입니다. 예수님께서는 제자들에게 다양한 훈련을 시키셨겠지만, 무엇보다 기도 훈련을 시키셨습니다. 제자들과 늘 기도하셨다는 사실은 성경에서 어렵지 않게 확인할 수 있습니다. 그러나 제자들에게 있어서 기도는 어제와 동일한 반복으로 여겼던 것입니다. 제자들은 매일 반복되는 일상으로 생각하고 제대로 기도하지 않고, 그저 기도 시간 채우기에 바빴던 것입니다. 마음의 고백이 없는 기도는 절대 기도가 아닙니다.

한편, 제자들은 오늘 예수님께서 잡히시게 된다는 사실을 대부분 모르고 있었습니다. 설령 예수님께서 오늘 유다로 인해 붙잡히신다는 사실을 알았던 제자라 할지라도 정말 그렇게 될거라고는 생각하지 않았던

• 정답 : 타성

것입니다. 자신의 스승이 붙잡힌다는 사실을 믿었다면 이렇게 태만하게 기도하지 않았을 것입니다.

예수님은 기도하지 않고 잠에 빠져있는 제자들을 보고 40~41절에 "너희가 나와 함께 한 시간도 이렇게 깨어 있을 수 없더냐 시험에 들지 않게 깨어 기도하라 마음에는 원이로되 육신이 약하도다"라고 말씀하십니다.

예수님은 우리와 친구되기 원하십니다. 예수님과 일상의 대화를 나누고 깊이있는 교제를 나눕시다. 타성에 젖은 신앙생활로 믿음의 권태기에 빠졌다면 깊이 빠져들기 전에 얼른 나오십시오. 다시 뜨거운 열정으로 살아가시기 바랍니다.

말씀과 함께 하는 나눔 [koinonia]

1. 설교 본문을 한번 더 읽고 본문이 주는 은혜를 나눠봅시다.

2. 예수님은 우리에게 무엇을 원하시고 계신가요? 우리는 예수님과 더 친밀해지기 위해 어떤 노력을 해야할까요? 본문에서 찾아 이야기 나눠봅시다.

3. 타성에 젖은 신앙생활 혹은 익숙한 습관에만 의존한 경험이 있나요? 이야기 나눠보고 서로를 위해 중보기도 합시다.

기도나누기

13. 용기와 비겁사이

• 본문 | 마 26:57~75

• 찬송 | 213장, 380장, 461장

오늘은 예수님께서 붙잡히셔서 공회에 판결받는 장면과 이 장면을 멀찍이서 바라보고 이동하는 베드로의 심리 상태를 살펴봅시다.

예수님의 재판은 총체적으로 불법이었습니다. 먼저, 예수님께서 체포당하신 그 자체가 불법이었습니다. 또한 그들은 예수님을 재판할 수 없는 시간에 재판을 강행했습니다. 당시 아무리 중차대한 범죄자라 할지라도 재판을 저녁이나 밤에 할 수는 없습니다. 그런데 예수님은 한밤중에 붙잡히셔서 곧바로 재판을 받으셨습니다.

재판받으셨던 장소도 재판이 진행될 수 없는 불법한 장소였습니다. 말씀에 보면 예수님을 데리고 간 최종 목적지는 공회가 아닌 전직 대제사장인 안나스의 개인 사저였습니다(요한복음 18장 12~23절). 또한 재판 소송기간도 제대로 지켜지지 않았습니다. 당시 아무리 소소한 재판이라 할지라도 결론을 내기 위해서는 최소 2일 이상으로 정해져 있었습니다. 즉 심문에서 판결까지 아무리 짧게 결론을 내린다해도 최소 이틀은 되어야 한다는 것입니다. 하지만, 예수님의 재판은 최종 판결까지 하루만에 일사천리로 진행되었습니다.

63절에 대제사장은 예수님께 "네가 하나님의 아들 그리스도가 맞느냐" 라고 묻습니다. 이에 64절에 예수님은 "하나님의 아들일 뿐 아니라 이제 내가 그 하나님의 권능의 우편에 앉게 될 것이고 이후에 하늘 구름타고 오는 것을 너희가 보게 될 것이다"라고 말씀하십니다.

그때 대제사장은 자기 옷을 찢으며 분노했다고 기록되어 있습니다. 예수님의 말씀이 떨어지자마자 대제사장은 모여있는 군중들을 향해 이는 십자가 형에 처해질 신성모독죄라고 선동하기 시작했습니다. 그리고 그 자리에서 바로 십자가형, 즉 사형을 판결합니다.

판결이 떨어지자마자 이를 지켜보던 많은 사람들은 67절에 "이에 예수의 얼굴에 침뱉으며 주먹으로 치고, 어떤 사람은 손바닥으로 때리며 이르되 그리스도야 우리에게 선지자 노릇을 하라 너를 친자가 누구냐하더라" 하면서 예수님을 희롱했습니다.

한편, 베드로는 잡혀 끌려가시는 예수님 곁을 따랐습니다. 하지만, 비겁하게도 끌려가시는 예수님을 멀찍이서 마치 제자가 아닌 구경꾼처럼 행동하며 따라갔습니다. 베드로는 점점 더 처절한 비겁자의 모습으로 변하게 됩니다. 군중에 섞여 예수님의 판결을 구경하고 있는데 베드로에게 한 여종이 다가와 소리질렀습니다.

"너도 갈릴리 예수와 함께 있었다!" (69절) 그러자 베드로는 모든 사람 앞에서 이를 부인했습니다(70절). 그리고 자신을 알아보는 자를 피해 도망쳐 나왔지만 또 다른 여종이 베드로에게 다가와 "이 사람도 나사렛 예수와 함께 있었다."라고 말합니다. 그러자 베드로는 '맹세'하며 예수님을 알지 못한다고 부인했습니다(72절).

그후 한 사람이 또 베드로에게 와서 "너도 그 예수의 패거리가 분명하다 네가 하는 그 말투가 그 증거다."라고 말합니다(73절). 그때 베드로는 '저주하며 맹세'했다고 성경은 기록하고 있습니다(74절). 누가복음에선 베드로가 세 번째 저주하며 부인을 할 때 예수님께서 그런 베드로를 돌아보셨다 기록하고 있습니다.

"주께서 돌이켜 베드로를 보시니" (눅 22:61)

베드로가 저주하며 맹세하는 그 순간 예수님은 베드로를 보셨습니다.

이때 베드로는 어떤 마음이었을까요? 닭이 울어서가 아니라, 자신이 거짓말한 것이 들통나서가 아니라, 침뱉음을 당하고 이 사람 저 사람에게 걷어 차이고, 구타 당해 살이 찢겨 피가 나서 알아볼 수 없을 정도로 시퍼렇게 멍든 예수님의 그 처절한 모습을 보고 베드로는 말할 수 없이 괴로웠을 것입니다. 베드로는 비겁해도 너무 비겁한 자신을 자책하며 밖에 나가 심히 통곡했습니다. 그러나 예수님은 그토록 자신을 부인하는 베드로에게 단 한 마디도 하지 않으셨습니다.

오늘 우리는 어떻습니까? 어떤 모습으로 신앙생활하고 계십니까? 용기로운 자입니까? 아니면 베드로와 같이 처절하게 비겁한 자입니까?

말씀과 함께 하는 나눔 [koinonia]

1. 설교 본문을 한번 더 읽고 본문이 주는 은혜를 나눠봅시다.

2. 오늘 말씀을 잘 살펴보고, 예수님의 재판 과정 중에 무엇이 불법이었는지 이야기 나눠봅시다.

3. 신앙 생활을 하면서 그리스도인 답지 않게 비겁한 적이 있었다면 언제, 어떤 모습이었는지 서로 이야기를 나눠봅시다.

기도나누기

14. 승리의 십자가

• 본문 | 요 19:17~30
• 찬송 | 94장, 160장, 191장

십자가의 의미가 없는 기독교는 기독교일 수가 없습니다. 십자가는 치욕의 상징이지만, 또한 십자가는 우리를 향한 하나님의 사랑, 그 사랑의 절정을 보여줍니다. 그러므로 그리스도의 십자가를 바로 아는 것이 기독교의 핵심을 아는 것이요, 그리스도의 속죄를 깨닫는 것입니다. 죄가 없으신 하나님의 아들이 죄인의 모습으로 십자가를 지셨습니다.

예수님이 지신 그십자가는 무엇을 의미합니까?

첫째, 십자가는 우리의 죄에 대한 (　　　)을 보여주는 것입니다.
로마서 6장 23절에도 기록되었듯이 죄의 삯은 사망입니다. 하나님은 죄와 허물로 죽어버린 인생을 살리기 위해 한 가지 방법을 마련하셨습니다. 영원한 죽음입니다.
이 형벌에서 구원하시기 위해 하나님이신 예수 그리스도를 이 땅에 보내 주시기로 계획하신 겁니다. 예수님은 우리의 희생양이 되셨습니다. 날 살리기 위해 친히 속죄의 제물이 되셨습니다.

내가 받아야 할 죄에 대한 하나님의 진노와 심판, 그리고 형벌까지도 대신 받으시고 나 대신 십자가형에 처해져 죽으신 것입니다. 십자가는 죄를 용납하지 아니하시는 하나님의 진노를 보여줍니다.

• 정답 : 형벌

"인자가 온 것은 섬김을 받으려 함이 아니라 도리어 섬기려 하고 자기 목숨을 많은 사람의 대속물로 주려 함이니라"

성경에서 증거하고 있는 것처럼 예수님은 자기 목숨을 많은 사람들의 대속물로 주려고 오셨습니다(마 20:28). 믿는 자가 세상 사람들하고 다른 점이 무엇입니까? 내 의지대로 내 뜻대로 움직이는 자율적인 자들이 아니라, 타율적인 자들입니다. 하나님의 뜻대로 움직이는 자들입니다. 예수님께서 우리를 견인해주시지 않으면 우리에겐 답이 없습니다. 이런 우리의 죄를 없애주시려 예수님은 십자가를 지셨습니다.

둘째, 예수님의 ( )는 분리시키는 분기점입니다.

본문 18절에 "그들이 거기서 예수를 십자가에 못 박을새 다른 두 사람도 그와 함께 좌우편에 못 박으니 예수는 가운데 있더라"라고 했습니다. 십자가는 멸망하는 자와 구원을 얻는 자의 분기점이 되었습니다. 한편으로는 죄인을 구속하시는 하나님의 자기 사랑의 강한 표현이었습니다. 저주받은 십자가 아래에서는 어떤 일들이 있었습니까? 예수님을 조롱하고 무기력한 모습에 실망한 자들이 분노하고 있습니다. 혹시 저들의 모습이 바로 우리의 모습은 아닌지 생각해 봅시다. "십자가의 도가 멸망하는 자들에게는 미련한 것이요, 구원을 얻는 우리에게는 하나님의 능력이라"라고 했습니다(고전 1:18). 아직도 분기점에 서서 망설이고 계시다면 당당히 예수님의 십자가의 길로 들어오십시오.

셋째, 십자가는 날 ( )하심의 증거입니다.

예수님은 왜 그렇게 잔인하게 살해당하셨습니까? 우리 때문에, 나 때문에 그랬습니다. 그런데 그렇게 능력 많으신 예수님이 왜 그렇게 무기력하게 당하고만 계셨습니까? 예수님을 십자가에 매단 것은 나였습니다. 우리가 십자가에 매단 것입니다. 예수님은 양손과 양발이 못으

• 정답 : 십자가, 사랑

로 찔림을 당하는 그 고통을 선명히 기억하시고 아파하셨습니다. 오죽했으면, 십자가의 그 고통에서 "엘리엘리 라마사박다니!"라고 하시면서 "하나님 왜 저를 버리셨습니까?" 하는 고통의 절규를 하셨겠습니까? 그렇게 고통의 길, 고난의 길을 주님은 걸어가셨습니다.

예수님의 그 희생으로 우리는 하나님과 화목을 이루게 되었다는 사실을 믿으십니까? 최후 승리를 얻기까지 주의 십자가를 사랑합시다. 이 승리의 십자가가 우리의 심령을 더욱 강하게 만들고 큰 소망을 갖게 할 것입니다.

○ 말씀과 함께 하는 나눔 [koinonia]

1. 설교 본문을 한번 더 읽고 본문이 주는 은혜를 나눠봅시다.

2. 예수님이 지신 십자가가 의미하는 것은 무엇입니까? 본문에서 찾아봅시다.

3. 예수님의 십자가의 사랑을 믿으십니까? 삶 속에서 주님이 주신 사랑을 어떻게 실천할 수 있을지 이야기해 봅시다.

기도나누기

15. 구원의 확신을 이야기하다

• 본문 | 롬 10:13
• 찬송 | 272장, 337장, 540장

여러분, 구원의 확신이 있습니까? 믿고 싶은데 믿어지지 않습니까? 교회는 다니는데 확신이 없어 힘드십니까? 하지만 구원의 확신이 없다고 괴로워하지 마십시오. 구원의 확신이 없어 괴롭다는 것 자체가 하나님께서 지금 진리 가운데로 이끌고 계시는 과정이라는 것을 기억하십시오. 그 확신을 갖는 시간이 더디고 그 기간은 엄청 길 수도 있습니다. 하지만 괴로워 마십시오. 구원의 확신은 결국 내 자아가 어떻게 할 수 있는게 아니라, 성령께서 믿게 해주시는 겁니다.

구원의 확신이 무엇입니까? 나는 예수님이 나의 유일한 구원자 되심을 믿습니다. 그분으로 거듭나 천국갈 소망을 주신 것 믿습니다. 이 정도 아닙니까? 구원의 확신을 갖는 방법도 모두 성경에 나와있습니다. 매일 기도와 말씀 묵상과 진정한 예배드림에 목숨을 거십시오. 말씀과 기도를 사모하십시오. 예배를 사모하십시오. 이 세 가지만 충실히 실천해도 어느 순간부터 서서히 구원을 확신하게 될 것입니다.

구원의 확신이 없었던 한 유대인의 고위 공직자가 예수님을 찾아왔습니다. 그는 유대인의 공회 즉 산헤드린 의원이었고, 아주 경건한 바리새인이었습니다. 바로 니고데모라는 사람이었습니다. 그런 그에게 채워지지 않는 허전함이 있었습니다. 니고데모는 예수님께 질문합니다.

"주님, 영생을 얻으려면, 구원받으려면 어떻게 해야 하겠습니까?"
예수님은 "사람이 거듭나지 아니하면 하나님 나라에 들어갈 수 없다." 라고 대답하셨습니다. 물과 성령으로 거듭나지 않는다면 결단코 하나님 나라에 들어갈 수 없다고 말씀하셨습니다. 중요한 건 아는 것이 중요한게 아니고, 깨달음이 중요합니다.

니고데모는 예수님의 말씀을 깨달았습니다. 이처럼 우리도 변화가 있어야 합니다. 지금 구원을 확신하지 못하고 있다면 두려워말고 결단하십시오. 구원의 확신이 없다면 결단하시고 선택해야 합니다. 처음엔 뜨겁게 예수 믿었는데 그 뜨거운 첫사랑을 잃어버리셨습니까? 다시 회복되어야 합니다. 그 이름을 믿으면 구원받습니다. 내 머리로 생각하지 마시고 성경이 말하는 것을 믿으십시오 성경은 명확합니다.
"다른 이로써는 구원을 받을 수 없나니 천하 사람 중에 구원을 받을 만한 다른 이름을 우리에게 주신 일이 없음이라 하였더라" (행 4:12)
구원의 확신으로 자신이 영적으로 괴롭힘 당한다고 생각한다면 그건 마귀 사단이 예수님 밖으로 끄집어내려는 계략임을 기억하십시오. 자꾸 그런 것으로 인해 심적 부담을 갖지 마십시오.

우리 영혼이 죽음의 늪에 허우적댈 때 구원받을 도구는 오직 하나님의 말씀입니다. 말씀이 영혼을 살려냅니다. 말씀이 믿음되게 합니다.
"그러면 무엇을 말하느뇨 말씀이 네게 가까와 네 입에 있으며 네 마음에 있다 하였으니 곧 우리가 전파하는 믿음의 말씀이라" (롬 10:8)
믿음의 말씀이 우리를 살게 합니다. 하나님은 말씀으로 세상을 지으셨을 뿐만 아니라, 말씀이 하나님과 인간 사이의 가교(架橋)역할을 했고, 그 말씀은 세상의 죽어가는 이들을 살리는 유일의 도구가 되었습니다.

오늘 우리가 구원받은 것은 다 하나님의 말씀 덕분입니다. 말씀이 우리의 심령을 변하게 만듭니다. 말씀을 의지하고 하나님께 부르짖으십시오.

12절~13절에는 "유대인이나 헬라인이나 차별이 없음이라 한 분이신 주께서 모든 사람의 주가 되사 그를 부르는 모든 사람에게 부요하시도다 누구든지 주의 이름을 부르는 자는 구원을 받으리라"라고 했습니다. 기독교는 타율적 종교입니다. 내가 확신하는게 아니라, 내가 믿는게 아니라 하나님이 확신을 갖게 하시고 하나님이 믿음을 갖게 하십니다. 구원의 확신을 가지십시오.

○ 말씀과 함께 하는 나눔 [koinonia]

1. 설교 본문을 한번 더 읽고 본문이 주는 은혜를 나눠봅시다.

2. 예수님을 찾아온 니고데모에게 예수님께서 하신 말씀은 무엇이었고 구원의 확신은 어떻게 해야 알 수 있는지 본문에서 찾아봅시다.

3. 매일 시간을 내어 말씀을 읽고, 기도하며, 사모함으로 하나님께 예배드릴 수 있도록 구체적인 실천 계획을 나누어 봅시다.

기도나누기

16. 감사하는 자가 되라

• 본문 | 골 3:15~17

• 찬송 | 478장, 569장, 478장

하나님께서는 이스라엘 백성들을 애굽에서 가나안으로 이끄셨습니다. 노예 생활에서 해방시켜주셨습니다. 참으로 감사할 일입니다. 그런데 이스라엘 백성들은 어떻게 행동했습니까?

호세아 13장 4절에 보면 "네가 애굽땅에서 나옴으로부터 나는 네 하나님이 되었고 내가 광야 마른 땅에서 너를 권고하였지만…저희가 배부르고 마음이 교만하여 나를 잊었도다"라고 기록되어 있습니다.

하나님께 감사함을 잊은 백성들은 애굽의 종살이도 모자라 또 다시 앗수르에 의해, 유다는 바벨론에 의해 포로로 끌려가며 힘든 세월을 보냅니다. 이후 포로에서 해방되어 그제서야 하나님께 감사하기 시작했습니다.

감사가 사라지고 우상에 빠진 자들에겐 하나님은 엄히 경고하고 계십니다. 호세아 13장 8절에서 "내가 새끼 잃은 곰 같이 그들을 만나 그의 염통 꺼풀을 찢고 거기서 암사자 같이 그들을 삼키리라 들짐승이 그들을 찢으리라"라고 하셨습니다.

감사의 삶, 감사의 생활이 되어야 합니다. 감사의 삶을 사는 것 자체가 하나님의 뜻임을 우리는 알아야 할 것입니다.

예수님께 고침받은 문둥병 환자 10명을 기억하십니까?

문둥병 환자 10명이 깨끗이 고침받았지만 "이렇게 고쳐주셔서 감사합니다." 하고 예수님께 감사한 사람은 단 1명 뿐이었지요.
나머지 9명은 전혀 감사 없이 즐겁게 자기 길로 갔다고 성경은 기록하고 있습니다. 오늘을 살아가는 우리들도 많은 은혜를 받고 감사할 일이 많음에도 불구하고 감사하지 않고 살아갑니다. 그렇다면 우리는 무엇을 감사해야 할까요?

첫째, ( )와 관계된 세상의 모든 자연과 만물 주심을 감사하십시오.
우리의 시야에 보이는 만물 전부가 다 하나님의 것이요, 하나님이 은혜로 주신 것입니다(행 17:25, 롬 11:36). 또한 보이지 않는 무수한 세상의 것들에 감사하십시오.

둘째, ( )의 길로 이끄심에 감사하십시오.
하나님은 우리에게 자각하고 판단할 능력을 주셨습니다. 죄로 인해, 악한 사단의 계략으로 인해 눈이 가려져 있었지만, 그런 가운데 진리를 깨닫게 하시고, 예수 그리스도를 통해 죄사함 받게 하시고, 하나님의 인도와 보호하심으로 오늘 하루도 숨쉬고 살게 하신 것은 너무도 감사해야 할 제목입니다. 이런 보이지 않는 신령한 것으로 채워주시고, 지금껏 구원의 길로 붙들어주신 하나님께 감사합시다.

셋째, ( )을 주심을 오히려 감사해야 합니다.
시편 기자는 고난 당하는 것이 유익하다고 기록하였고(시 119:67,71), 하박국 선지자는 진노 중에서라도 긍휼을 베푸신다고 했습니다(합 3:2).
바울 사도는 자신의 질병 즉, 육체의 가시를 오히려 유익한 은혜로 감사하였습니다(고후 12:9).
세상 속에 다양한 고난이 우리를 괴롭히고 있지만 고난을 유익한 면으

• 정답: 나, 구원, 고난

로 선용해야 합니다. 예수님도 십자가에 고난당하심으로 구속 사업을 이루셨습니다.

영국의 청교도들 102명이 신앙의 자유를 찾아 미국으로 건너왔을 때 반 이상이 추위와 굶주림으로 죽고 겨우 52명만 살아남았습니다.

그러나 이들이 미국에 와서 제일 먼저 세운 것은 자기 살 집이 아니라 교회였습니다. 그리고 이들은 감사의 예배를 드렸습니다. 하나님은 감사를 잘 하는 자에게 여러 방면으로 은혜를 주셔서 형통하게 하신다는 사실을 꼭 믿으시고 늘 감사의 생활, 감사에 힘쓰시기 바랍니다.

○ 말씀과 함께 하는 나눔 [koinonia]

1. 설교 본문을 한번 더 읽고 본문이 주는 은혜를 나눠봅시다.

2. 우리는 무엇을 감사하며 살아야 하는지 본문에서 찾아봅시다.

3. 우리의 삶 가운데 감사의 제목을 서로 나누어 보고 하나님께 감사의 기도를 올려 드립시다.

기도나누기

17. 돌문을 여는 부활 신앙

- 본문 | 막 16:1~4
- 찬송 | 37장, 161장, 180장

예수님의 부활은 내게 어떤 의미가 있습니까? 예수님의 부활은 영생의 길을 열어주셨다는 의미가 있습니다. 교회이든 세상이든 믿는 자답게 행동하는 것이 사명입니다. 부활의 신앙은 곧 사명의 신앙을 이어받는 것입니다.

예수님께서 십자가에서 운명하신 후 아리마대 요셉이 자신이 준비한 무덤에 예수님을 모셨습니다. 그리고 그 입구를 관습대로 큰 돌을 굴려서 막아놓았습니다. 더구나 이 큰 돌문으로 막은 것으로도 만족하지 못해서 보초를 세웠습니다. 그가 이미 운명하신 예수님의 시신을 철저히 지킨 이유는 성경이 자세히 말씀하고 있습니다.

"그 이튿날은 준비일 다음 날이라 대제사장들과 바리새인들이 함께 빌라도에게 모여 이르되 주여 저 속이던 자가 살아 있을 때에 말하되 내가 사흘 후에 다시 살아나리라 한 것을 우리가 기억하노니 그러므로 명령하여 그 무덤을 사흘까지 굳게 지키게 하소서 그의 제자들이 와서 시체를 도둑질하여 가고 백성에게 말하되 그가 죽은 자 가운데서 살아났다 하면 후의 속임이 전보다 더 클까 하나이다 하니" (마 27:62~64)

"나는 부활이요 생명이니 나를 믿는 자는 죽어도 살겠고 무릇 살아서 나를 믿는 자는 영원히 죽지 아니하리라" (요한복음 11:25~26)

부활했다는 게 무슨 말입니까? 불가능한 일, 도저히 인간적으로는 해결될 수 없는 일이 해결되었다는 말입니다. 그러나 이를 믿고 나가면 부활의 기적이 우리의 일상에도 일어납니다. 걱정하지 마시고 무한하시고, 한계가 없으신 하나님을 의지하시기 바랍니다. 나를 믿지 말고, 내 능력을 의지하지 말고 하나님을 의지하며 하나님의 타이밍을 기다리시기 바랍니다.

"이런 상황 속에 내가 어떻게 저 돌문을 열 수 있을까?"

하나님이 열어주십니다. 믿으면 승리합니다. 예수님의 부활은 더욱 더 확고한 믿음의 문을 열어주셨습니다. 부활은 분명한 사실이지만 하나님의 은혜는 부활의 능력을 믿는 자에게만 주어집니다.

우리는 종종 의심 많은 도마가 되지말자 말합니다. 사실 도마만 부활을 믿지 않은게 아니라 모든 제자들이 다 부활을 믿지 못했습니다. 그러나 우리는 의심하지 맙시다. 믿음을 가지시기 바랍니다. 믿음이 곧 증거입니다. 마음의 문을 활짝 열고 받아들이면 우리의 심령 속에도 부활의 신앙이 되살아날 것입니다. 또한 예수님의 부활은 평강의 문을 열어주셨다는데 의미가 있습니다.

"이 날 곧 안식 후 첫날 저녁 때에 제자들이 유대인들을 두려워하여 모인 곳의 문들을 닫았더니 예수께서 오사 가운데 서서 이르시되 너희에게 평강이 있을지어다" (요 20:19)

우리가 세상의 절망 가운데 부르짖으면 예수님이 찾아오십니다. 해결책을 들고 찾아오십니다. 오늘날 이 시대는 불안의 시대입니다. 평안함을 느낄 겨를이 없는 시대입니다. 불안의 시대에 가장 필요한 것은 평강입니다. 죽음의 권세를 이기신 부활의 예수님을 만나야 두려움이 사라지고 평강이 찾아온다는 사실을 기억하시기 바랍니다.

"예수께서 가라사대 너희에게 평강이 있을지어다 아버지께서 나를 보내신 것과 같이 나도 너희를 보내노라"

부활 신앙은 죽음을 이기는 신앙입니다. 부활의 신앙은 어디서든 정의로울 수 있으며, 어느 상황에서도 담대하고, 무슨 일을 만나도 소망을 잃지 않으며 언제나 이 세상으로부터 초연합니다. 부활의 신앙을 지킵시다.

○말씀과 함께 하는 나눔 [koinonia]

1. 설교 본문을 한번 더 읽고 본문이 주는 은혜를 나눠봅시다.

2. 대제사장들과 바리새인들이 예수님의 시신을 철저히 지킨 이유는 무엇인가요? 본문에서 찾아봅시다.

3. 나의 마음에는 예수님이 주시는 평강이 있습니까? 나를 두렵게 하는 것은 무엇이고 두려움을 어떻게 극복할 수 있을지 나눠 봅시다.

기도나누기

18. 안디옥교회의 부흥

• 본문 | 행 11:19~26

• 찬송 | 40장, 191장, 219장

오늘 말씀을 통해 안디옥교회가 왜 부흥했고 어떻게 든든히 세워졌으며, 세계 선교, 복음의 중심 교회가 되었는지 살펴보고자 합니다.

19절 말씀을 보면 "그 때에 스데반의 일로 일어난 환난으로 말미암아 흩어진 자들이 베니게와 구브로와 안디옥까지 이르러 유대인에게만 말씀을 전하는데"라고 했습니다. 스데반이 돌에 맞아 순교 당했고 그로 인해 믿는 자들에게 큰 박해가 일어났습니다. 많은 성도들은 예루살렘 밖에서 신앙생활하며 전도하기 시작했습니다. 성경은 12명의 사도를 제외하고 모두 핍박을 피해 흩어졌다고 기록하고 있습니다.

흩어진 성도들이 주로 전도했던 곳은 먼저 베니게입니다. 베니게는 문명이 발달한 도시였습니다. 두 번째로 많이 모여 전도했던 지역이 구브로였습니다. 그리고 안디옥이라는 대도시였습니다. 안디옥은 로마제국에서 세 번째로 큰 도시입니다. 베니게와 구브로와 안디옥까지 흩어진 자들이 이렇게 복음을 전하였는데 이들은 자기 민족 디아스포라 유대인들에게만 전도했습니다.

구브로와 구레네에 몇 사람이 헬라어를 할 줄 아니까 안디옥에서 헬라인에게도 복음을 전하게 되었던 것입니다. 그리고 놀랍게도 이 헬라인들이 복음을 받아들이기 시작했다는 것입니다. 이제 안디옥에 예수님을 믿는 자들이 많이 생겨나고 있다는 소문이 본점인 예루살렘 교회에 들려오기 시작했고 그래서 신실한 믿음의 형제 바나바를 안디옥교회에 파송하기로 결정을 합니다. 그로 인해 바나바는 안디옥 교회를 이끄는 아주 중요한 지도자가 되었습니다. 그렇다면 안디옥 교회가 이처럼 든든히 서고 부흥할 수 있었던 이유가 무엇입니까?

첫째, 훌륭한 (   )가 있었습니다.

훌륭한 지도자 곧, 성령과 믿음이 충만한 목회자가 있었다는 것입니다. 그 훌륭한 목회자가 바로 바나바와 바울이었습니다. 교회는 부흥하고 성령의 역사가 크게 일어났습니다. 그런데 교회가 부흥하고 성장하고 성도들이 몰려들다보니 바나바에게도 협력자가 필요했습니다. 바나바가 사울을 데려와서 두 사역자는 1년간 아주 열심히 안디옥 교회에서 큰 무리들을 가르쳤습니다. 이렇게 안디옥교회는 이방인들이 중심이 되는 세계 선교의 중요한 전진기지가 되었습니다.

둘째, 안디옥교회는 좋은 (   )를 잘 세운 교회였습니다.

안디옥교회에는 바울과 바나바뿐만 아니라 수많은 신실한 리더들이 많이 포진해 있었습니다. 바울과 바나바가 여기저기 다니며 복음을 전할 수 있었던 것은 교회를 감당할 지도자가 많았기 때문입니다. 그 둘이 선교사로 떠났는데 안디옥 교회에 문제가 생겼다는 구절은 단 한 곳도 찾아볼 수 없습니다.

셋째, 안디옥교회는 (   )께 복종하는 교회였습니다.

13장 2~3절 말씀에 "주를 섬겨 금식할 때에 성령이 이르시되 내가 불러 시키는 일을 위하여 바나바와 사울을 따로 세우라 하시니 이에 금식하며 기도하고 두 사람에게 안수하여 보내니라"라고 기록되어 있습니다. 안디옥교회는 성령께서 명령하신 대로 바나바와 바울을 따로 세우고 금식하며 기도했습니다. 모든 선교의 기초는 성령의 역사하심과 그에 따

• 정답 : 지도자, 리더, 성령

른 협력입니다.

고전 1장 10절 말씀에 "형제들아 내가 우리 주 예수 그리스도의 이름으로 너희를 권하노니 모두가 같은 말을 하고 너희 가운데 분쟁이 없이 같은 마음과 같은 뜻으로 온전히 합하라"라고 했습니다. 모두가 같은 말을 하고 같은 마음과 같은 뜻으로 하나가 된다면 부흥이 안 될 이유가 없습니다. 현실을 보지 말고 미래를 보시기 바랍니다.

말씀과 함께 하는 나눔 [koinonia]

1. 설교 본문을 한번 더 읽고 본문이 주는 은혜를 나눠봅시다.

2. 안디옥교회가 부흥할 수 있었던 이유는 무엇이었는지 본문에서 찾아 나눠봅시다.

3. 우리 교회의 부흥을 위해 내가 할 수 있는 것들을 찾아 보고 실천해봅시다.

기도나누기

19. 서로 협력하는 공동체

• 본문 | 행 12: 20~25
• 찬송 | 64장, 220장, 312장

베드로가 세 번째 감옥에 갇혔을 때입니다. 이번에는 특별히 군인들이 베드로를 넷 씩 네 패에 맡겨 지켰다고 합니다(12:4).
베드로 혹은 사도들이 투옥될 때마다 늘 불가항력적인 기적이 연속으로 일어났기 때문이었습니다.
19절에 "헤롯이 그를 찾아도 보지 못하매 파수꾼들을 심문하고 죽이라 명하니라 헤롯이 유대를 떠나 가이사랴로 내려가서 머무니라"라고 했습니다. 그러나 이번에도 베드로가 성령님의 도움으로 감옥에서 빠져나가자 악명 높은 헤롯왕은 베드로를 지켰던 군인 16명을 관리 감독 소홀로 다 죽이라 명령했습니다.
우리가 기억할 장면은 이토록 포악한 헤롯왕의 최후 모습입니다. 병사를 죽인 헤롯왕은 그 즉시 가이샤라로 내려가 머물렀습니다. 그런 다음의 두로와 시돈 사람들 앞에서 연설을 했는데 그때 불가사의하게도 벌레에 먹혀 죽습니다.

20절에 보면 헤롯은 두로와 시돈 사람들에 대해 대단히 노여워했다고 기록하고 있습니다. 두로와 시돈 사람은 헤롯의 영토 내에서 필요 양식을 수급받았습니다. 블라스도의 중재를 통해 헤롯이 날을 택하여 왕복을 입고 단상에 앉아 백성에게 연설을 했다고 기록하고 있습니다(21절). 그 연설을 듣고 백성들이 엄청난 호응을 하니 헤롯은 교만에 빠졌습니다. 그래서 23절에 "헤롯이 영광을 하나님께 돌리지 아니하므로, 주의 사자가 치니 벌레에게 먹혀 죽으니라"라고 기록되어 있습니다.
헤롯은 교만으로 인해 최후를 맞이했습니다.
큼직한 이슈들이 초대 교회 안팎으로 들려왔지만 그런 가운데서도 24절에 "하나님의 말씀은 흥왕하여 더하더라"라고 기록되어 있습니다. "더욱더 복음의 메시지가 널리 널리 전파되더라"라고 기록되어 있습니다.

25절에서 한 가지 기억해야 단어가 바로 '부조'라는 단어입니다. 부조라는 단어는 헬라어로 '디아코니아'라는 단어입니다. 다시 말해 바나바와 사울은 예루살렘교회에 헌금을 전하고 안디옥으로 돌아왔다는 것입니다. 열심히 헌금 드리는 것도 훌륭한 봉사입니다.
그렇다면 바나바와 사울이 무엇 때문에 예루살렘교회에 헌금을 했습니까? 28절에 "그 중에 아가보라 하는 한 사람이 일어나 성령으로 말하되 천하에 큰 흉년이 들리라 하더니 글라우디오 때에 그렇게 되니라"라고 기록되어 있습니다. 아가보는 예루살렘에서 활동했던 선지자이자 예언가 였습니다. 아가보는 바울이 예루살렘으로 올라갈려 할 때 수족을 손으로 묶는 등의 상징적인 행동으로 바울이 예루살렘으로 올라가면 유대인에게 잡혀 이방인의 손에 넘겨질 것을 예언하기도 했습니다(행 21:10-11). 그래서 바울의 믿음의 형제들은 예루살렘으로 올라가지 말라고 권하지요. 그러나 그때 바울의 마음은 확고했습니다(12~13절).
실제로 아가보의 예언대로 이스라엘과 주변 국가에 큰 흉년이 들었습니다. 그러자 믿음의 식구들은 각각 능력대로 유대에 사는 형제들에게 헌금하기로 작정을 합니다. 이 헌금을 바나바와 사울을 통해 흉년으로 힘든 예루살렘교회 장로들에게 보냈습니다.
그래서 25절에 "바나바와 사울이 부조하는 일을 마치고 마가라 하는 요한을 데리고 예루살렘에서 돌아오니라"라고 기록했던 것입니다. 천하 각지에 큰 흉년이 들었기에 흉년이 비껴간 곳은 아무 곳도 없었습니다. 그럼에도 불구하고 이웃과 형제를 사랑하는 마음으로 헌금을 보낸 것입니다.

협력하는 교회는 이와 같이 어려울 때 서로 돕고, 힘들 때 함께 우는 교회입니다. 협력하는 교회가 되어야 세상을 감싸안고 세상을 치유할 수 있습니다.

○말씀과 함께 하는 나눔 [koinonia]

1. 설교 본문을 한번 더 읽고 본문이 주는 은혜를 나눠봅시다.

2. 바나바와 사울이 예루살렘 교회에 헌금을 한 이유는 무엇인지 본문에서 찾아 나눠봅시다.

3. 내가 속해 있는 공동체(가정, 직장, 교회 등)에서 도움이 필요한 지체가 있는지 살펴봅시다.

기도나누기

20. 책임감있는 성도가 되자

• 본문 | 행 13:1~12

• 찬송 | 338장, 384장, 515장

오늘 말씀을 통해 무엇을 다짐하고 배워야 합니까?

첫째, 교회 (　　　)에 이름을 남기는 성도가 되어야 합니다.

역사와 전통이 있는 교회, 소문난 교회는 성도들의 피와 땀과 노력으로 세워진 곳입니다. 안디옥 교회도 마찬가지였습니다. 누가는 안디옥 교회를 대표하는 교회 기둥인 리더들을 1절에 기록하고 있습니다. 바나바, 네게르라하는 시므온, 구레네 사람 루기오, 분봉왕 헤롯의 젖동생 마나엔과 사울 등이 안디옥 교회를 짊어지고 가는 리더들입니다.

교회는 각기 다른 생활 수준과, 각기 다른 삶을 사는 사람들이 모이는 곳입니다. 그래서 교회에는 서로 이해하고 감싸주는 너그러우며 친화력있는 성도가 필요합니다. 안디옥교회는 열거된 자들 중에 특별히 바나바와 사울을 따로 선별하여 세웠습니다.

2~3절에 "주를 섬겨 금식할 때에 성령이 이르시되 내가 불러 시키는 일을 위하여 바나바와 사울을 따로 세우라 하시니 이에 금식하며 기도하고 두 사람에게 안수하며 보내니라"라고 했습니다. 교회는 안디옥교회처럼 성령님께 복종해야 합니다. 바나바와 사울을 따로 세우라 명하셨고 이런 성령의 명령에 모든 성도들은 순종하며 기도하며 금식하였던 것입니다. 이미 사울은 자신의 소명이 무엇인지 알고 있었습니다. 그래서 더 거룩한 부담감으로 마음의 준비를 철저히 하고 있었을 것입니다.

• 정답 : 역사

둘째, 우리는 반드시 영혼 구원의 (   )을 가지고 살아야 합니다.

우리 믿는 자의 책임은 영혼 구원에 있습니다. 자신의 영혼 구원을 위한 노력을 부단히 하시길 간구합니다. 믿음은 노력하지 않으면, 기도하지 않으면 퇴보합니다.

바나바와 사울이 제일 먼저 선교할 대상지로 삼은 곳이 바로 구브로라는 섬이었습니다. 이곳 구브로는 바나바의 고향입니다(4:26).

그렇습니다. 제일 먼저 복음을 전해야 할 대상은 내 가족입니다. 내 친구와 내 친한 이웃입니다.

5절 말씀에 "살라미에 이르러 하나님의 말씀을 유대인의 여러 회당에서 전할새 요한을 수행원으로 두었더라"라고 했습니다. 그런데 이곳에서 한 가지 사건이 일어납니다. 6절에 "온 섬 가운데로 지나서 바보에 이르러 바 예수라하는 유대인거짓 선지자인 마술사를 만나니 바예수는 유대인 거짓 선지자요 마술사라"라고 기록되어 있습니다.

바울 일행이 구브로 섬에 와서 복음을 전한다는 것을 알고 총독 서기오 바울은 그들을 불러 하나님의 말씀을 듣고자 했습니다. 그는 아주 지혜로운 사람이었고 진리에 대한 목마름도 간절했습니다. 그래서 바나바와 사울을 불러 하나님의 말씀을 듣고자 했습니다. 이렇게 총독이 관심을 보이자 바예수는 바울을 대적하며 총독이 예수 믿지 못하도록 방해 공작을 펼쳤습니다. 만약 전도로 인해 핍박받고 있다면, 기도를 멈추지 마셔야 합니다.

그때 바울이라고 하는 사울이 성령의 충만하여 바예수에게 이렇게 말합니다. 10~11절에 "이르되 모든 거짓과 악행이 가득한 자요 마귀의 자식이요 모든 의의 원수여 주의 바른 길을 굽게 하기를 그치지 아니하겠느냐" 라고 했고, 11절에 "보라 이제 주의 손이 네 위에 있으니 네가 맹인이 되

• 정답 : 책임

어 얼마 동안 해를 보지 못하리라 하니 즉시 안개와 어둠이 그를 덮어 인도할 사람을 두루 구하는지라"라고 했습니다.

성령의 사역을 훼방한 바예수를 하나님은 바울을 통해 심판하셨습니다. 그래서 얼마동안 맹인이 되게 하셨습니다.

바예수가 눈이 먼 사건을 통해 총독은 주님을 믿으며 주의 가르치심을 놀랍게 여겼습니다. 영혼 구원의 책임감을 가집시다. 우리는 간절함과 소망으로 내 가족, 내 이웃, 형제자매를 위해 노력하며 기도해야 합니다. 책임감있는 성도는 기도하는 성도입니다.

○ 말씀과 함께 하는 나눔 [koinonia]

1. 설교 본문을 한번 더 읽고 본문이 주는 은혜를 나눠봅시다.

2. 바나바와 사울이 제일 먼저 선교할 대상지로 삼은 곳은 어디인지, 왜 그곳으로 결정했는지를 본문에서 찾아 나눠봅시다.

3. 내가 영혼 구원의 책임감을 가지고 전도해야 할 전도 명단을 적어보고 그들을 위해 기도하며 결단하는 시간을 보냅시다.

기도나누기

21. 생명의 말씀으로 나아가자

• 본문 | 행 13:15~52

• 찬송 | 200장, 288장, 303장

바울이 회당에 있는 유대인들에게 전한 말씀을 토대로 우리에게 무엇을 알려주고 있는지 몇 가지로 나누어 살펴봅시다.

첫째, 설교 내용과 전개 방식이 (　　　)이 돌에 맞아 순교하기 전에 했던 방식과 아주 비슷합니다.

바울은 스데반을 돌로 죽인 가해자 중 하나였습니다. 그런 바울이었는데 어떻게 스데반과 같은 설교를 할 수 있습니까? 나를 완전히 비우고 하나님의 은혜를 채워야 가능합니다.

둘째, 바울은 예수님이 예언된 (　　　)되심을 강조했습니다.

바울이 드러내고자 했던 분이 예수님이었던 것처럼 우리도 우리 삶 가운데 예수님이 드러나야 합니다. 예수님에 대해 무지한 불신자에게 예수님을 전할 때는 공감의 도구가 필요합니다. 마태복음이나 누가복음에 보면 예수님의 족보가 나오지요. 유대인들에게 복음을 전하기 위해 가장 중요한 접촉점이자 공감의 도구가 다윗의 혈족에서 나신 메시아의 족보입니다. 당시 이스라엘 백성은 약속한 메시아에 대한 열망이 있었습니다. 바울은 23절에 "하나님이 약속하신대로 이 사람의 후손에서 이스라엘을 위하여 구주를 세우셨으니 곧 예수라"라고 했습니다.
바울은 그토록 애타게 기다렸던 메시아가 바로 예수님이라고 말하고 있습니다.

• 정답 : 스데반, 메시아

셋째, 우리는 모두 다 부활의, 구원의 (　　　)이 되어야 합니다.

예수님께서 십자가에 달리시고 부활하신 것을 목격한 자들이 있습니다. 예수님의 제자들을 비롯한 많은 사람들이 있습니다. 그 증거를 가지고 초대교회에 사도들이 복음을 전합니다. 우리 역시 제자들과 마찬가지로 부활의 증인입니다. 왜냐하면 우리는 하나님의 은혜로 예수를 믿게 되었고 그런 믿음의 간증을 갖고 있기 때문입니다.

넷째, (　　　) 심령은 생명의 말씀으로 몰려듭니다.

우리도 갈급한 심령으로 생명의 말씀 앞으로 나아가야 합니다.
바울이 회당에 모인 사람들에게 전하려했던 핵심 메시지가 바로 모세의 율법으로도 해결할 수 없는 죄 문제, 구원의 문제가 예수 이름을 힘입기만 하면 해결된다는 것입니다.
바울이 회당에서 예수를 전하고 설교했을 때 한마디로 큰 반향을 일으켰습니다. 영혼을 살리는 생명의 말씀에 사람들은 몰리기 마련입니다. 갈급한 심령은 생명의 말씀으로 몰려듭니다.

비시디아 안디옥 사람들은 이 생명의 말씀에 큰 은혜가 되었습니다. 그러나 문제는 이들이 율법적 관념에 사로잡힌 유대인들이었다는 것입니다. 이들은 바울의 말씀이 자신에게 큰 해가 된다 생각을 했습니다. 그래서 처음의 호의적인 태도가 변하고 바울의 설교를 무조건 비방하는 자세를 취했던 것입니다. 이런 모습을 보았던 바울과 바나바는 46절에 "바울과 바나바가 담대히 말하여 이르되 하나님의 말씀을 마땅히 먼저 너희에게 전할 것이로되 너희가 그것을 버리고 영생을 얻기에 합당하지 않은 자로 자처하기로 우리가 이방인에게로 향하노라"라고 했습니다. 유대인들은 복음을 무가치하다 여겼습니다.

• 정답 : 증인, 갈급한

반대로 이 복음의 말씀을 들었던 이방인들의 반응은 어떠했습니까? 48절에 "이방인들이 듣고 기뻐하여 하나님의 말씀을 찬송하며 영생을 주시기로 작정된 자는 다 믿더라"라고 했습니다.

말씀이 퍼져나가자 유대인들은 그 지방의 경건한 귀부인들과 시내 유력자들을 선동하여 바울과 바나바를 박해하고 그 지역에서 쫓아내었습니다. 이런 반대에 부딪히자 바울과 바나바는 이고니온으로 향해 갑니다. 그런 핍박속에서도 큰 성과가 있었습니다.

52절에 "제자들은 기쁨과 성령이 충만하니라"라고 했습니다. 여기서 제자들은 바울과 바나바의 전도로 예수님을 믿게 된 자들을 말합니다. 항상 말씀을 의지하며 하나님과 동행하시길 바랍니다.

○ 말씀과 함께 하는 나눔 [koinonia]

1. 설교 본문을 한번 더 읽고 본문이 주는 은혜를 나눠봅시다.

2. 비시디아 안디옥 사람들이 바울과 바나바를 비방했던 이유는 무엇인지 본문에서 찾아 나눠봅시다.

3. 내가 전도할 때 사용할 수 있는 공감의 도구는 무엇인지 생각해보고 실제로 전도하며 사용해봅시다.

기도나누기

22. 하나님의 이끄심을 경험하라

• 본문 | 행 16:6~15

• 찬송 | 370장, 384장, 393장

오늘 바울의 선교 여정을 통해 우리는 무엇을 확인할 수 있습니까?

첫째, (　　　)의 이끄심을 확인할 수 있습니다.

매순간 성령의 이끄심을 경험하지 못한다면 내 신앙을 돌아봐야 합니다. 바울의 선교팀들은 하나님의 이끄심으로 모든 사역이 진행되었습니다. 본문의 집필자인 누가는 하나님의 이끄심, 그것도 성 삼위일체 하나님께서 이끄신다는 증거를 분명하게 기록하고 있습니다.

먼저 6절을 보면 "성령이 아시아에서 말씀을 전하지 못하게 하시거늘 그들이 브루기아와 갈라디아 땅으로 다녀가"라고 나와있습니다.

여기서 성령은 '프뉴마'라는 단어입니다. 이 프뉴마라는 단어는 굉장히 다양하게 사용되는 용어인데, 주로 거룩한 영, 하나님의 영, 성령님을 나타내는 단어입니다. 그런데 7절 말씀을 보면 "무시아 앞에 이르러 비두니아로 가고자 애쓰되 예수의 영이 허락하지 아니하시는지라" 라고 했습니다.

여기서는 굳이 예수의 영이라고 기록하고 있습니다. 비두니아로 가지 못하게한 분은 예수의 영, 즉 성자 예수님이라 기록하고 있습니다. 그리고 10절 말씀을 보면 "바울이 그 환상을 보았을 때 우리가 곧 마게도냐로 떠나기를 힘쓰니 이는 하나님이 저 사람들에게 복음을 전하라고 우리를 부르신 줄로 인정함이러라"라고 기록되어 있는데 여기서 바울은 하

• 정답: 성령

나님이라 표현하고 있습니다.
여기서 하나님은 말 그대로 성부 하나님을 말합니다. 성부, 성자, 성령 하나님 다시 말해 삼위일체 하나님께서 모든 일을 진행하고 계시다는 것을 의도적으로 표현했다는 것입니다. 어떤 일을 결정할 때 내 판단으로 하면 그르치기 쉽습니다. 현실적인 가능성, 그리고 얄팍한 지식과 정보로 판단하지만 세상에 모든 일은 나의 판단과 상관없는 무수한 변수들이 여기저기 널려있기 때문입니다.
그렇다면 올바른 판단은 어떻게 내려야 합니까? 그냥 하나님께 물어보면 됩니다. 사실 하나도 어려운게 아닌데 물어보지를 않습니다. 하나님께 물어보는게 무엇입니까? 기도입니다. 사람에게 물어보지 말고 하나님께 물어보시기 바랍니다. 하나님의 정확한 답변을 듣는 것이 기도 응답입니다.
"아무 것도 염려하지 말고 다만 모든 일에 기도와 간구로, 너희 구할 것을 감사함으로 하나님께 아뢰라 그리하면 모든 지각에 뛰어난 하나님의 평강이 그리스도 예수 안에서 너희 마음과 생각을 지키시리라" (빌 4:6~7)

둘째, (   )은 그릇된 길로 나갈 때 우리를 다양한 방법으로 깨닫게 하십니다.

하나님은 왜 아시아로 못가게 하셨는지 바울에게 환상을 통해 깨닫게 하셨습니다. 바울과 일행은 드로아로 내려갔는데 밤에 바울이 환상을 보게 됩니다. 9절에 보면 "밤에 환상이 바울에게 보이니 마게도냐 사람 하나가 서서 그에게 청하여 이르되 마게도냐로 건너와서 우리를 도우라 하거늘"이라고 기록되어 있습니다. 하나님께서 초자연적인 환상을 보여주신 것입니다.

• 정답: 하나님

10절에 "바울이 그 환상을 보았을 때 우리가 곧 마게도냐로 떠나기를 힘쓰니 이는 하나님이 저 사람들에게 복음을 전하라고 우리를 부르신 줄로 인정함이러라"라고 기록되어 있습니다.

여기서 인정하다는 말은 히브리어로 '쉼비바조'라는 단어인데 '결론을 내리다.'라는 뜻입니다. 바울은 그 환상을 보여주신 이유가 무엇인지 깨닫게 되었다는 것입니다. 바울과 같이 늘 하나님의 이끄심을 경험하시며 살아가시길 바랍니다.

○ 말씀과 함께 하는 나눔 [koinonia]

1. 설교 본문을 한번 더 읽고 본문이 주는 은혜를 나눠봅시다.

2. 바울의 선교 여정에서 하나님은 어떤 역할을 하셨습니까?

3. 살면서 '이것은 성령의 이끄심의 증거다.'라고 확신한 적이 있습니까? 있다면 이야기를 나눠봅시다. 또한 기도 응답을 받은 적이 있다면 그 경험 역시 이야기 나눠봅시다.

기도나누기

23. 모든 좋은 것으로 함께하라

• 본문 | 갈 6:6

• 찬송 | 382장, 390장, 337장

갈라디아 지역은 유대인들의 영향력이 강했고 그만큼 핍박이 많았습니다. 바울은 당시 믿는 자들을 유혹하던 율법주의자들의 가르침을 반박하고 오직 구원은 믿음으로만 이루어짐을 확신시키기 위해 이 편지를 썼습니다. 그렇다면 바울은 갈라디아 교회에게 무엇을 말하고 있습니까?

첫째, (　　　)한 심령으로 바로 잡으라 말씀하고 있습니다.

갈라디아 교회 주변엔 유대인들이 많이 살고 있었습니다. 그렇다보니 정통 율법주의자들과 예수님을 믿고 복음을 받아들인 자들의 영적 싸움이 대단했습니다. 바울은 먼저 내부에서부터 성결할 것을 요하고 있습니다.

1절 말씀에 "형제들아 사람이 만일 무슨 범죄한 일이 드러나거든 신령한 너희는 온유한 심령으로 그러한 자를 바로 잡고 너 자신을 살펴보아 너도 시험을 받을까 두려워하라"라고 했습니다. 누구나 실수를 저지를 수 있고 누구나 죄를 지을 수 있습니다. 그렇다해도 잘못에 대한 부분은 합리화되거나 정당화될 수는 없습니다. 무지함과 연약함에 의해 저질러진 범죄라해서 책임마저 소멸되는 것이 아닙니다. 교회적으로 도저히 용서 못 할 죄를 범했을 때 성경은 온유한 심령을 가지고, 온유한 심령의 도구를 가지고 바로 잡으라고 합니다.

• 정답: 온유

출애굽기 28장에 보면 제사장의 옷을 만드는 기준과 제조공법이 나와 있습니다. 제사장의 옷은 인간의 죄를 덮는다는 의미가 있습니다. 지혜로운 영으로 채운 자들만이 제사장의 옷을 만들 자격이 주어졌습니다. 다시 말해 지혜로운 영으로 채운 자는 하나님의 영이 임한 자를 의미합니다. 그 지혜로운 영으로 채운 자가 곧 오늘 본문의 온유한 심령을 가진 자와 상통하는 말입니다.

결국 바로 잡는 그 기준과 영감은 하나님의 영에 감동된 자만이 가능하다는 것입니다. 누구나 연약한 존재이기에 바로 잡을 인간은 세상에 단 한명도 없습니다. 하지만 하나님은 오늘날 기름 부어 주의 종들을 세워주셨습니다. 교회 안에 바로 잡을 것은 하나님께서 세워주신 교회의 치리에게 순종함으로 바로 잡으라는 것입니다.

교회의 치리에 복종하는 것은 성도의 기본 의무이자 또한 권리입니다. 이것은 하나님께 순종하는 일입니다. 갈라디아 교회는 부흥하는 교회였습니다. 하지만 유대인들과 이단들의 꿰임에 빠져 이단이나 율법주의로 돌아가는 사람들 또한 많았을 것입니다.

그래서 바울은 이런 심각한 교회 인팎의 상황을 통해 바로 잡을 일들을 온유한 심령으로 잡을 것을 권면하고 있는겁니다.

둘째, 서로 (　　)을 지며 예수의 삶을 살아가라 말씀하고 있습니다.

2절에 "너희가 짐을 서로 지라 그리하여 그리스도의 법을 성취하라"라고 했습니다. 여기서 짐이란 '바로스'라는 히브리어로 가혹하여서 감당하기 힘든 일이나 짐을 뜻하지만 이 본문에서 의미하는 것은 범죄로 인해 스스로 감당해야 할 책임을 뜻합니다.

우리에겐 감당해야 할 책임이 있습니다. 하나님께서 각자 감당할 분량을 주셨는데 여러분은 얼마나 감당하고 계십니까? 하지만 하나님은

• 정답 : 짐

그 짐을 혼자 지라고 하지 않으십니다. 서로 지라 명하고 계십니다.

셋째, 모든 좋은 것을 (　　)하라고 하십니다.

6절에 "가르침을 받는 자는 말씀을 가르치는 자와 모든 좋은 것을 함께 하라"라고 기록되어 있습니다. 여기서 가르침을 받는 자나 말씀을 가르치는 자 바로, 성도와 목회자를 의미합니다. 성도와 목회자는 모든 좋은 것으로 함께 해야 합니다. 중요한 것은 우리 모두 그리스도 예수의 교훈 아래 있는 자들이라는 것입니다. 예수님 안에서 우리는 서로 좋은 것으로 함께 나누며 누리며, 서로의 아픔과 고통을 느끼며 함께 짐을 지며 나아가야 합니다.

말씀과 함께 하는 나눔 [koinonia]

1. 설교 본문을 한번 더 읽고 본문이 주는 은혜를 나눠봅시다.

2. 바울이 갈라디아 교회에 말하고 있는 것은 무엇인지 본문에서 찾아 나눠봅시다.

3. 한 주간 내 주변에 도움과 위로가 필요한 사람들을 찾아보고 그 사람을 위해 기도하며 돕는 믿음의 마니또가 되어 봅시다.

기도나누기

*정답 : 함께

24. 힘써 하나되라

• 본문 | 엡 4:1~4

• 찬송 | 220장, 260장, 516장

하나님께서는 교회가 하나되기를 원하십니다. 하나님은 만유의 아버지로서 만유 위에 계시고, 만유를 통일하시고, 만유 가운데 계십니다(에베소서 4:6). 하나님께서 하나되길 원하시기에 우리는 이를 위해 노력해야 합니다. 교회가 하나 된다는 것은 그 향기로 느낄 수 있습니다.

교회의 본래의 향기는 사랑이 있는 교회, 은혜가 넘치는 교회, 성령이 충만한 교회입니다. 이런 교회는 곧 하나님께서 원하시는 대로 움직이는 교회인 것입니다.

예수님도 하나됨을 이루시기 위해 오셨습니다. 예수님이 이 땅에 오신 목적은 십자가에서 흘리신 피로서 하나님과 원수된 우리를 하나님과 화평게 하시고, 사람과 사람 사이를 예수 안에서 새사람을 지어 화평케 하시기 위해서 오신 것입니다(에베소서 2:13-18).

또한 기억할 것은 우리의 신앙의 대상 역시 하나라는 것입니다. 우리는 오직 전세계, 온 우주에 유일하신 하나님을 믿어야 합니다.

"몸이 하나이요. 성령이 하나이니 이와 같이 너희가 부르신 한 소망안에서 부르심을 입었느니라. 주도 하나이요 믿음도 하나이요. 세례도 하나이요, 하나님도 하나이시니 곧 만유의 아버지시라"라고 했습니다.

그러므로 우리가 하나가 되는 것이 마땅한 것입니다.

그렇다면 하나됨을 어떻게 유지할 수 있습니까?

첫째, (   )해야 하나가 될 수 있습니다.

"모든 겸손과 온유로 하고 오래참음으로 사랑 가운데서 서로 용납하고 평화의 매는 줄로 성령의 하나되게 하신 것을 힘써 지키라" 라고 했습니다. 잘난체 하고 교만하면 하나될 수 없습니다. 겸손은 우리 심령의 기본밭이 되어야 합니다. 겸손함으로 가득할 때 비로소 하나됨을 이룰 수 있는 것입니다. 예수님께서는 친히 "나는 온유하고 겸손하니 그러므로 나의 멍에를 메고 내게 배우라"라고 하셨습니다.

어거스틴은 "기독교의 아름다운 덕은 첫째도 겸손이요, 둘째도 겸손이요, 셋째도 겸손이라."라고 했습니다. 베드로도 뭐라고 말합니까? "서로 겸손으로 허리를 동이라 하나님은 교만한 자를 물리치시고 겸손한 자에게 은혜를 베푸시느니라"라고 했습니다. 남을 나보다 낫게 여기는 겸손이 있어야 하나가 될 수 있는 법입니다.

둘째, (   )해야 하나가 될 수 있습니다.

뻣뻣하면 하나가 될 수 없습니다. 민수기 12장 3절 말씀에 "이 사람 모세는 온유함이 지면의 모든 사람보다 더하더라"라고 했습니다.

이처럼 모세는 처음부터 온유한 사람이었을까요? 모세는 한마디로 성격파탄자였습니다. 다혈질이었습니다. 분을 이기지 못하고 사람을 죽였고 암매장까지 했던 자였습니다.

또한 이스라엘 백성들이 금송아지를 놓고 제사드린다고 하나님이 직접 새겨주신 십계명을 깨뜨렸습니다. 그러한 모세도 하나님과 오랜 교제를 통해 온유한 자로 변화되었습니다. 온유함은 결국 하나님과 동행함으로 만들어지는 것입니다. 베드로가 그러했고, 바울이 그러했습니다. 온유한 마음을 소유하시기 바랍니다.

*정답 : 겸손, 온유

셋째, 사랑하며 (　　　)하며 서로 용납해야 합니다.

포용하지 않고는 함께 갈 수 없습니다. 포용하고 인정해야 합니다. 용납이라는 말은 용서, 포용해야 한다는 말입니다. 넓은 아량을 가져야 포용할 수가 있습니다. 우리 하나되어 함께 나가길 소망합니다. 하나되면 살 수 있습니다.

"한 사람이면 패하겠거니와 두 사람이면 능히 당하나니 삼겹줄은 쉽게 끊어지지 아니하느니라" (전도서 4:12)

○ 말씀과 함께 하는 나눔 [koinonia]

1. 설교 본문을 한번 더 읽고 본문이 주는 은혜를 나눠봅시다.

2. 하나님이 원하시는 하나됨을 어떻게 지속시킬 수 있는지 본문에서 찾아 나눠봅시다.

3. 하나님이 세우신 이 교회의 하나됨을 위하여 내가 할 수 있는 일 세 가지를 적어보고 실천해봅시다.

기도나누기

*정답 : 포용

25. 위로하시는 하나님

- 본문 | 행 18:1~10
- 찬송 | 324장, 412장, 516장

바울은 아덴을 떠나 고린도에 이르렀다고 기록하고 있습니다(1절). 고린도는 성적인 타락과 우상숭배가 만연한 그런 도시였습니다. 이런 우상 천지이며 환락과 타락의 도시에서 바울은 담대히 복음을 전하였습니다. 그러나 고린도 역시 비시디아 안디옥처럼 바울을 대적하며 핍박하고 비방하였습니다(6절). 또한 이와 맞물려 영혼의 결실도 많지 않았습니다. 바울은 그 역시 인간이기에 지쳐가고 있었습니다. 하나님은 그런 바울을 위로하셨습니다. 그렇다면 하나님은 어떻게 바울을 위로하셨습니까?

첫째, 하나님은 (   )을 통해 바울을 위로하셨습니다.

우리를 향한 하나님의 위로는 보통 사람을 통해 역사해주십니다. 이런 상황을 잘 아시는 하나님은 고린도에 지쳐있는 바울에게 제일 먼저 사람을 붙여주셨습니다. 먼저 실라와 디모데입니다.

5절에 "실라와 디모데가 마케도냐로부터 내려오매"라고 기록되어 있습니다. 실라는 빌립보 교회 소식을 가져왔습니다. 그리고 빌립보 교회에서 정성껏 보내준 선교 헌금을 가져왔습니다(고후 11:9, 빌 4:4, 15).

하나님은 실라를 통해 경제적 어려움에 처해있었던 바울에게 경제적 도움을 지원해주셨습니다. 또한 하나님은 새로운 동역자를 붙여주셨습니다. 브리스길라와 아굴라 부부입니다. 이들 부부는 천막 제조와

- 정답 : 사람

가죽 수공업을 생업으로 하고 있었습니다. 예수님을 믿는 자였고, 생업도 같았기에 이들은 급속히 가까워졌고 바울은 아예 이들과 함께 살았습니다.

하나님은 바울을 실라와 디모데, 브리스길라와 아굴라의 신실한 자들을 통해 위로해주시고 큰 결실로 복음의 참맛을 누리게 하셨습니다. 결실이 없던 그 땅에 회당장 그리스보(Crispus)가 예수를 믿게 되었습니다. 당시 고린도에서는 소수의 몇 사람이 세례를 받았을 것으로 추정하였는데 회당장 그리스보(Crispus)가 예수님을 믿게 되자 그로 인해 많은 사람들이 예수를 믿게 되었던 것입니다. 이 사건을 계기로 전도에는 활력을 얻게 되었습니다. 하지만 핍박자들의 핍박 또한 더욱 심해졌습니다.

둘째, 하나님은 직접 바울을 (　　　)하셨습니다.

하나님은 대부분 사람을 통해 위로함을 주십니다. 하지만 직접 위로하시기도 합니다. 9절에 "밤에 주께서 환상 가운데 바울에게 말씀하시되"라고 했습니다. 하나님의 위로는 사람마다 다 다릅니다. 바울에게는 주로 환상으로 통해 위로해주시고 힘을 주셨습니다. 하나님은 환상 가운데 친히 나타나셔서 말씀하셨습니다.

10절에 "내가 너와 함께 있으매 어떤 사람도 너를 대적하여 해롭게 할 자가 없을 것이니 이는 이 성중에 내 백성이 많음이라 하시더라"라고 했습니다. 하나님은 바울에게 두려워하지 말고, 그런 고통과 핍박으로 인해 위축되지 말라 하십니다. 침묵하지 말라 하십니다.

복음을 전할 때마다 어찌할 힘이 없는데 하나님의 말씀은 힘과 위로를 주기에 충분했습니다. 사람의 위로는 한계가 있습니다. 바울은 유대인

• 정답 : 위로

들의 거센 핍박으로 힘들었고 또한 복음이 제대로 받아들여지지 않자 많은 생각을 했을 것입니다.

그런데 하나님께서 바울에게 뭐라 말씀하시고 위로하십니까?

10절에 "이는 이 성중에 내 백성이 많음이라 하시더라"라고 했습니다. 이 성중에는 내 백성이 많이 있다. 다시 말해 구원받기로 작정된 사람이 많으니 사력을 다해 복음을 전하라는 것입니다. 바울을 위로해주신 하나님께서 우리도 위로해주시고 은혜로 채워주실 것입니다.

○말씀과 함께 하는 나눔 [koinonia]

1. 설교 본문을 한번 더 읽고 본문이 주는 은혜를 나눠봅시다.

2. 하나님은 바울을 어떻게 위로하셨는지 본문에서 찾아 나눠봅시다.

3. 주변에 위로가 필요한 사람을 찾아 그 사람을 위해 기도하고 위로하는 믿음의 위로자가 되어 봅시다.

기도나누기

26. 행함 없는 믿음은 죽은 믿음이다

- 본문 | 약 2:1~26
- 찬송 | 93장, 325장, 546장

오늘 야고보 사도는 아주 직접적으로 행함이 없는 믿음은 죽은 믿음이라 말하고 있습니다. 오늘 말씀을 통해 행함이 있는 참 믿음은 무엇인지 살펴봅시다.

첫째, 행함이 없는 ( )은 죽은 것입니다.

"내 형제들아 만일 사람이 믿음이 있노라 하고 행함이 없으면 무슨 유익이 있으리요 그 믿음이 능히 자기를 구원하겠느냐" (약 2:14)

여기서 행함은 이런 율법적 행위를 지키는 것을 의미하지 않습니다. 행동하는 믿음은 바로 하나님의 사랑, 하나님의 심정을 가지고 이웃을 사랑하라는 대 명령의 실천을 말하고 있는 것입니다.

둘째, 행동하는 믿음의 정석은 ( )를 채워주는 것입니다.

15~16절에 "만일 형제나 자매가 헐벗고 일용할 양식이 없는데 너희 중에 누구든지 그에게 이르되 평안히 가라 덥게 하라 배부르게 하라 하며 그 몸에 쓸 것을 주지 아니하면 무슨 유익이 있으리요"라고 기록되어 있습니다. 여기서 야고보는 헐벗고 일용할 양식없는 자에게 "평안히 가라.", "덥게 하라.", "배부르게 하라."라는 말이 얼마나 공허한 말인지 설명하고 있습니다.

어찌할 수 없는 큰 화를 당했을 경우나, 마음의 고통으로 힘든 자를 도울 수 있는 방법은 진심 어린 통감과 위로입니다. 하지만 당장 먹을게

- 정답 : 믿음, 필요

없는 자에게는 위로보다 더 필요한 것은 물질적 도움입니다. 이들에겐 위로가 도움이 되지 않습니다. 이렇게 말로만 위로하는 척하는 것은 오히려 궁핍한 저들에게 더 깊은 상처를 주는 것입니다. 충분히 도와줄 수 있음에도 도와주지 않는 것은 스스로 믿음있다 하면서 행동하지 않는 위선이라는 것입니다.

셋째, 믿음은 (   )으로 온전케 된다는 사실을 기억하시기 바랍니다.

18절 말씀에 "어떤 사람은 말하기를 너는 믿음이 있고 나는 행함이 있으니 행함이 없는 네 믿음을 내게 보이라 나는 행함으로 내 믿음을 네게 보이리라 하리라"라고 했습니다.

야고보는 담대하게 "나는 행함으로 내 믿음을 네게 보이겠다"라며 선포한 것입니다. 이것은 입술로만 고백하는 믿음이 아니라 살아있는 믿음의 실체를 증거하겠다는 것으로 행함이 구원의 도구가 아니라 믿음의 증거임을 보여주고 있습니다. 야고보는 아브라함의 믿음에 대해 예를 들고 있습니다.

야고보서 2장 21~22절 말씀을 보면 "우리 조상 아브라함이 그 아들 이삭을 제단에 바칠 때에 행함으로 의롭다 하심을 받은 것이 아니냐 네가 보거니와 믿음이 그의 행함과 함께 일하고 행함으로 믿음이 온전하게 되었느니라"라고 했습니다.

아브라함은 행함으로 의롭다함을 받은 것 같지만 사실 그 행동을 하게 된 그 근원적인 작용이 있었습니다. 그런 행동을 이끈 동력이 무엇입니까? 바로 믿음이라는 것입니다. 믿음이 없이는 행동이 나올 수 없는 것입니다. 그래서 야고보는 "네가 보거니와 믿음이 그의 행함과 함께 일하고 행함으로 믿음이 온전케 되었다"라고 말하고 있는 것입니다.

야고보는 이번에는 기생 라합을 구원시킨 사건을 설명하고 있습니다.

• 정답 : 행함

25~26절 말씀에 "또 이와 같이 기생 라합이 사자들을 접대하여 다른 길로 나가게 할 때에 행함으로 의롭다 하심을 받은 것이 아니냐 영혼 없는 몸이 죽은 것 같이 행함이 없는 믿음은 죽은 것이니라"라고 기록되어 있습니다. 기생 라합은 어떻게 구원받았습니까? 라합은 아브라함과 같은 사람이 아닙니다. 왜냐하면 그는 기생이었고, 이방인이었습니다. 그런데도 그녀가 의롭다함을 받은 것은 그녀의 믿음에 근거한 행함이었습니다. 그녀가 죽음을 무릅쓰고 정탐꾼을 도와준 것은 신실한 믿음에서 나온 행동이라는 것입니다.

공평과 정의가 없는 세상입니다. 빛으로 사시기 바랍니다. 믿음의 행동으로 사시기 바랍니다.

말씀과 함께 하는 나눔 [koinonia]

1. 설교 본문을 한번 더 읽고 본문이 주는 은혜를 나눠봅시다.

2. 아브라함의 믿음의 행함과 기생 라합의 믿음의 행함에 어떤 공통점과 차이점이 있는지 이야기 나눠봅시다.

3. 행함이 없는 믿음은 죽음이라고 했습니다. 믿음의 사람으로서 어떻게 행하며 살아갈지 이야기 나눠봅시다.

기도나누기

27. 감사함으로 예배드려라

• 본문 | 살전 5:16~17, 빌4:6
• 찬송 | 429장, 428장, 405장

맥추 감사절은 구약의 3대 절기의 하나인 맥추절을 계승한 절기입니다. 맥추절은 히브리 원어로 '하그 하카츠르'이며 '거두어 수확하는 절기'란 뜻을 가지고 있습니다. 성경에 맥추절을 지키라 하시면서 마음 다해 감사히 절기를 지키면 하나님께서 은혜가 넘치게 하신다고 하였습니다. 또한 의의 열매를 더하시게 하신다고 하였습니다.

"하나님이 능히 모든 은혜를 너희에게 넘치게 하시나니 이는 너희로 모든 일에 항상 모든 것이 넉넉하여 모든 착한 일을 넘치게 하게 하려 하심이라"

그래서 감사절기 때엔 특별히 감사의 의미를 되새겨봐야 합니다. 우리는 언제, 어떻게 감사하며 살아야 합니까?

첫째, 감사함으로 (   )드려야 합니다.

시편 50편 23절에 "감사로 제사를 드리는 자가 나를 영화롭게 하나니"라고 했습니다. 다른 것이 아닌 감사로 드리는 제사, 그 제사가 하나님을 영화롭게 한다고 말씀하십니다.

둘째, 감사는 곧 (   )입니다.

데살로니가전서 5장 16~17절에는 "항상 기뻐하라 쉬지 말고 기도하라 범사에 감사하라 이것이 그리스도 예수 안에서 너희를 향하신 하나님의 뜻

• 정답 : 예배, 생활

이니라"라고 했습니다. 감사는 항상해야 하는 것입니다.

또한 빌립보서 4장 6절에는 "우리가 무엇을 구할 때도 감사함으로 아뢰라" 말씀하십니다. "아무 것도 염려하지 말고 다만 모든 일에 기도와 간구로, 너희 구할 것을 감사함으로 하나님께 아뢰라"라고 했습니다.

둘째, 감사를 (　　　　)하십시오.

표현하는 것은 일상의 삶을 살 때도 예배 때도 마찬가지입니다. 먼저 입술로 감사함을 표현하십시오. 감사는 묻어두는 것이 아니라, 표현하는 것입니다.

"네 하나님 여호와 앞에 칠칠절을 지키되 네 하나님 여호와께서 네게 복을 주신 대로 네 힘을 헤아려 자원하는 예물을 드리라" (신 16:10)

특별히 맥추감사 주일 같은 절기 예배 때에는 특별히 더 정성껏 예물을 준비하십시오. 내게 있는 가장 귀한 것으로 하나님께 드리시기 바랍니다. 성경에서 드림은 곧 축복이라고 말합니다.

"네 재물과 네 소산물의 처음 익은 열매로 여호와를 공경하라 그리하면 네 창고가 가득히 차고 네 즙틀에 새 포도즙이 넘치리라" (잠 3:9~10)

드림은 곧 더 풍성한 채워주심을 얻는 통로라는 것입니다.

셋째, 진정한 감사는 하나님의 (　　　　)를 입었을 때 나옵니다.

진정한 감사는 하나님의 은혜를 입었을 때 나옵니다. 반대로 은혜를 쏟아내고 감사를 쏟아내는 가장 큰 지름길은 분노입니다. 그래서 우리는 늘 하나님의 은혜를 덧입어야 합니다. 그 은혜를 받았음을 자각하게 될 때 진정한 감사가 나옵니다.

감사의 삶을 살아가는 가장 큰 동기가 바로 하나님의 은혜로 비롯됨을 기억해야 합니다. 매순간마다 틈나는 때마다 하나님의 은혜를 갈망하

• 정답 : 표현, 은혜

십시오. 은혜 입은 자만이 일평생 감사할 수 있습니다.

맥추감사주일을 맞이하여 더욱 감사할 것을 생각해보시기 바랍니다. 감사는 우리 영이 살아나는 일입니다. 감사의 제사를 드리고, 감사를 표현하시고, 또한 하나님의 흘러넘치는 은혜를 받음으로 진정으로 감사하시기 바랍니다.

○ 말씀과 함께 하는 나눔 [koinonia]

1. 설교 본문을 한번 더 읽고 본문이 주는 은혜를 나눠봅시다.

2. 감사란 무엇이며 언제, 어떻게 감사하며 살아야 할지 이야기 나눠봅시다.

3. 맥추감사주일, 추수감사주일 등 감사절기때 우리는 어떤 자세로 예배드리고 행동해야 할지 이야기 나눠봅시다.

기도나누기

28. 영적인 힘과 지도력

• 본문 | 행 16:1~15

• 찬송 | 267장, 516장, 463장

예루살렘 회의의 후속 조치를 통해 오늘날 우리 교회가 가져야 할, 그리고 배워야 할 부분이 무엇인지 먼저 살펴봅시다.

첫째, 교회는 영적인 (   )과 (   )이 있어야 합니다.

교회다운 교회가 어떤 교회입니까? 세상에 휩쓸려가지 않고, 세속화되지 않는 교회가 교회다운 교회입니다. 이런 교회가 곧 영적인 힘이 있는 교회이고 또한 지도력이 있는 교회입니다.

당시 예루살렘교회는 영적 권위와 탁월할 지도력이 있었습니다. 24절에 "들은즉 우리 가운데서 어떤 사람들이 우리의 지시도 없이 나가서 말로 너희를 괴롭게 하고 마음을 혼란하게 한다 하기로"라고 했습니다.

'우리의 지시도 없이'라는 구절을 통해 당시 이방인 교회들이 예루살렘 교회의 영향을 크게 받고 있었다는 사실을 확인할 수 있습니다. 그렇다면 예루살렘교회는 어떻게 본부 교회로서의 역할을 감당했을까요?

당시 교회의 권위는 사도들의 권위에 의해 지탱되었다고 해도 과언이 아닙니다. 영적 지도력이 사도들에 의해 나타났던 것입니다. 근본 바탕은 바로 예수님의 제자라는 신뢰와 믿음이 초기 기독교의 바탕이라는 것입니다. 사도들은 예수님의 산 증인이었습니다. 또한 하나님은 사도들에게 놀라운 기적의 권능을 많이 나타나게 하셨습니다. 하나님의 권능이 머물러 있는 것, 이것이 영적인 힘이요 하나님이 주신 지도력입니다.

• 정답 : 힘, 지도력

둘째, (   )이 중요합니다.

영성을 회복하고, 지도력이 살아있는 교회로 거듭나려면 서로 노력해야 합니다. 16장은 이런 중요한 한 사람을 소개하는 것부터 시작이 됩니다.

바로 디모데라는 제자에 대한 소개입니다. 1절에 "바울이 더베와 루스드라에도 이르매 거기 디모데라 하는 제자가 있으니 그 어머니는 믿는 유대 여자요 아버지는 헬라인이라"라고 했습니다.

디모데는 어려서부터 제대로된 성경 교육을 받고 자랐습니다. 디모데후서 3장 15절에 "또 어려서부터 성경을 알았나니 성경은 능히 너로 하여금 그리스도 예수 안에 있는 믿음으로 말미암아 구원에 이르는 지혜가 있게 하느니라"

디모데는 예수님을 믿기 전부터 이미 신앙 좋은 유대인 어머니 유니게로부터 성경을 알고 성경을 배우며 성장했습니다.

바울은 이러한 디모데에게 할례를 행합니다. 15장에 예루살렘 회의는 할례 없이도 차별치 않으시는 하나님의 은혜가 예수 그리스도로 인해 구원에 이르게 한다는 선언을 이끌어 냈습니다. 이런 결과를 이끌어낸 가장 중심에 선 자가 다름 아닌 바울입니다. 그랬던 바울이 본인 스스로도 폐기한 이 할례 의식을 왜 디모데에게 행한 것일까요?

고린도전서 9장 20절에 "유대인들에게 내가 유대인과 같이 된 것은 유대인들을 얻고자 함이요 율법 아래에 있는 자들에게는 내가 율법 아래에 있지 아니하나 율법 아래에 있는 자 같이 된 것은 율법 아래에 있는 자들을 얻고자 함이요"라고 했습니다. 바울은 디모데가 이방인이라고 비난받지 않고, 디모데가 순조롭게 복음을 전할 수 있게 만들고 싶었던 것입니다.

이방인들에게는 상관없겠지만, 디모데가 유대인들 앞에서 자신있게 복음 전도자로 사명을 감당하려면 최소한 이런 부분에 있어서 책잡힐 일을 만들지 않는게 좋겠다고 바울은 판단했던 것입니다. 그렇게 할례를 행하니 4절

• 정답 : 사람

에 "여러 성으로 다녀 갈 때에 예루살렘에 있는 사도와 장로들이 작정한 규례를 그들에게 주어 지키게 하니 이에 여러 교회가 믿음이 더 굳건해지고 수가 날마다 늘어가니라"라고 했습니다.

여러분, 한국 교회의 현실에 아파하십시오. 한국 교회가 살아남을 유일한 길은 예루살렘 교회같이 하늘로부터 오는 영적인 힘과 영적 지도력을 다시금 회복해야만 합니다. 또한 영적 동역자 디모데처럼, 신실하고 서로 힘을 줄 동역자로 거듭나야 합니다. 이런 동역자들이 힘을 합하여 교회를 세우고 부흥시키도록 노력해야 합니다.

○ 말씀과 함께 하는 나눔 [koinonia]

1. 설교 본문을 한번 더 읽고 본문이 주는 은혜를 나눠봅시다.

2. 예루살렘은 당시 어떤 영향력을 주는 교회였습니까? 또한 바울이 디모데에게 할례를 행한 이유가 무엇입니까?

3. 우리 교회가 영적인 힘과 지도력을 갖춘 교회로 성장하려면 어떤 노력을 기울여야 할지 이야기 나눠봅시다.

기도나누기

29. 정욕적인 삶을 버리라

• 본문 | 약 4:1~10
• 찬송 | 260장, 493장, 435장

오늘 말씀에서 야고보 사도는 어떤 삶을 살라고 말하고 있습니까?

첫째, (   )을 버리라 기록하고 있습니다.

1절에 "너희 중에 싸움이 어디로부터 다툼이 어디로부터 나느냐 너희 지체 중에서 싸우는 정욕으로부터 나는 것이 아니냐"라고 했습니다.

정욕이 무엇입니까? 한마디로 세상적 쾌락을 의미합니다. 여기서 '싸움'은 헬라어로 '폴레이모'라고 하는데 국가간의 큰 전쟁을 의미합니다. 반면 '다툼'을 뜻하는 헬라어는 '마카이'로 규모가 그보다 작은 분쟁을 뜻합니다. 큰 싸움이든, 작은 싸움이든 다툼의 원인은 정욕 때문이라 말하고 있습니다. 이것을 버려야합니다. 기독교라는 종교는 내가 없는 종교입니다. 나를 버리고 나를 죽이는 삶의 종교입니다. 나를 없애는 작업이 곧 정욕적인 삶을 버리는 길임을 기억하시기 바랍니다.

둘째, 하나님께 구할 것을 구하되 (   ) 구하라고 말합니다.

우리가 왜 채워지지 않는 정욕에 집착하며 제대로 된 것을 얻지 못합니까? 가장 큰 원인은 하나님께 구하지 않아서입니다. 2~3절에 "너희가 얻지 못함은 구하지 아니하기 때문이요 구하여도 받지 못함은 정욕으로 쓰려고 잘못 구하기 때문이라"라고 했습니다. 그렇다면 잘못 구하지 않고 하나님께 제대로 구하려면 어떻게 해야 합니까?

• 정답 : 정욕, 바르게

"여호와의 눈은 의인을 향하시고 그의 귀는 그들의 부르짖음에 기울이시는도다" (시 34:15)

"여호와께서는 자기에게 간구하는 모든 자 곧 진실하게 간구하는 모든 자에게 가까이 하시는도다" (시 145:18)

위 말씀과 같이 하나님 편에 맞춰 구해야 할 것입니다.

셋째, (   )과 벗이 되고자 하면 하나님과 원수됩니다.

"간음한 여인들아 세상과 벗된 것이 하나님과 원수 됨을 알지 못하느냐 그런즉 누구든지 세상과 벗이 되고자 하는 자는 스스로 하나님과 원수 되는 것이니라" (약 4:4)

넷째, (   ) 자가 되시기 바랍니다.

5~6절 말씀을 보면 "너희는 하나님이 우리 속에 거하게 하신 성령이 시기하기까지 사모한다 하신 말씀을 헛된 줄로 생각하느냐 그러나 더욱 큰 은혜를 주시나니 그러므로 일렀으되 하나님이 교만한 자를 물리치시고 겸손한 자에게 은혜를 주신다 하였느니라"라고 했습니다. 겸손은 꼭 믿는 자 뿐만 아니라, 모든 자들이 갖춰야할 덕목입니다. 겸손한 자를 싫어하거나 미워할 사람은 없습니다.

다섯째, 하나님께 복종하고 (   )를 대적하라고 기록하고 있습니다.

"그런즉 너희는 하나님께 복종할지어다 마귀를 대적하라 그리하면 너희를 피하리라" (약 4:7)

'마귀'는 헬라어로 '디아볼로'라고 하고 '비방하는자'라는 뜻을 가지고 있습니다. 디아볼로는 마귀라는 뜻과 더불어 악한 세상의 영역이나 외적인 능력의 전반적인 것을 가리킵니다. 이런 디아볼로는 하나님의 말씀을 거역하고, 하나님께 순복하는 것을 방해하는 가장 주된 세력입니

• 정답 : 세상, 겸손한, 마귀

다. 그렇기에 우리는 이런 마귀를 두려워하지 말고 대적해야 합니다. 믿는 자들과 세상을 구분짓는 결정적인 특권은 하나님께 나아갈 수 있는 자격입니다. 우리는 늘 새롭게 되어 하나님께 나아가야 합니다.

"너희는 유혹의 욕심을 따라 썩어져 가는 구습을 따르는 옛 사람을 벗어 버리고 오직 너희의 심령이 새롭게 되어 하나님을 따라 의와 진리의 거룩함으로 지으심을 받은 새 사람을 입으라" (엡 4:22)

"슬퍼하며 애통하며 울지어다 너희 웃음을 애통으로, 너희 즐거움을 근심으로 바꿀지어다 주 앞에서 낮추라 그리하면 주께서 너희를 높이시리라" (약 4:9~10)

낮추면 하나님께서 높여주십니다.

말씀과 함께 하는 나눔 [koinonia]

1. 설교 본문을 한번 더 읽고 본문이 주는 은혜를 나눠봅시다.

2. 오늘 말씀을 읽어보고 정욕적인 삶이 무엇인지 이야기 나눠보고, 그것을 버리기 위해 어떤 노력을 해야 하는지도 이야기 나눠봅시다.

3. 하나님께 구했을 때 응답된 기도, 혹은 간절히 기도했는데 응답받지 못 한 일이 있다면 이야기 나눠봅시다. 또한 응답받지 못한 이유는 무엇인지도 이야기 해봅시다.

기도나누기

30. 허탄한 자랑을 하지 말라

- 본문 | 약 4:11~17
- 찬송 | 314장, 33장, 488장

오늘 말씀은 지난주에 이어 우리가 어떻게 신앙생활을 해야 할지를 말하고 있습니다.

첫째, 서로 (   )하지 말 것을 말하고 있습니다.

"형제들아 서로 비방하지 말라 형제를 비방하는 자나 형제를 판단하는 자는 곧 율법을 비방하고 율법을 판단하는 것이라 네가 만일 율법을 판단하면 율법의 준행자가 아니요 재판관이로다" (약 4:11)

여기서 비방이라는 말은 헬라어의 '카탈랄레오'라는 단어로 비난자가 되다, 중상하다, 악담하다라는 뜻을 가지고 있습니다.

이 비방은 어법상 과거에서부터 지금 현재까지 계속 행해지고 있는 행동을 말합니다. 예수님을 믿는다고 하면서도 여전히 이 비방은 과거로부터 지금까지 사라지지 않고, 고쳐지지 않은 못된 신앙 습관입니다.

야고보가 비방자가 되지 말라고 한 말의 의미는 무엇입니까?

험담하지 말라는 것입니다. 중상모략하지 말라는 것입니다. 남을 곤경에 빠트리는 언행을 삼가라는 말입니다. 즉 권세자를 쫓지 말라는 것입니다. 또한 자신에게 좋지 않은 쪽으로 이야기하더라도 겸허함으로 받아들여야 한다고 말하고 있습니다.

야고보는 이렇게 형제를 판단하고, 비방하는 자는 곧 율법을 비방하고 율법을 판단하는 것이라고 합니다. 율법은 하나님이 주시는 절대 신권적 계율입니다. 곧 율법은 하나님을 의미합니다. 야고보는 오직 우리

- 정답 : 비방

를 판단하시고, 재판하실 재판장은 하나님 한분이심을 말하고 있습니다. 그렇기에 야고보는 비방이나 험담은 곧 월권이고 자기 교만이라 말하고 있는 것입니다.

"입법자와 재판관은 오직 한 분이시니 능히 구원하기도 하시며 멸하기도 하시느니라 너는 누구이기에 이웃을 판단하느냐" (약 4:12)

둘째, 허탄한 인생을 (   )하지 마시기 바랍니다.

"들으라 너희 중에 말하기를 오늘이나 내일이나 우리가 어떤 도시에 가서 거기서 일 년을 머물며 장사하여 이익을 보리라 하는 자들아 내일 일을 너희가 알지 못하는도다 너희 생명이 무엇이냐 너희는 잠깐 보이다가 없어지는 안개니라" (약 4:13~14)

야고보는 우리 인생을 "너희 생명이 무엇이냐 잠깐 보이다 없어지는 안개니라"라고 했습니다.

시편 103편 15절에도 "인생은 그 날이 풀과 같으며 그 영화가 들의 꽃과 같도다"라고 했습니다. 너무나 짧고 제한적 것이 우리 인생이라는 것입니다. 인생은 아름답지만 내가 잘나고 돈 많이 벌고, 세상 사람의 부러움을 받고 살아간다 해서 자랑할 일은 아니라 말하고 있습니다.

예수님은 세상적 집착과 욕심에 빠져사는 인생들을 향해 비유로 하신 말씀이 있습니다. 바로 어리석은 부자의 비유입니다. 곡식이 차고 넘쳐서 곡식 쌓아둘 곳이 부족한 부자는 고민을 합니다. 부자는 "내가 이렇게 하리라 내 곳간을 헐고 더 크게 짓고 내 모든 곡식과 물건을 거기 쌓아 두리라" (눅 12:18) 그러면서 부자는 "여러 해 쓸 물건을 많이 쌓아 두었으니 평안히 쉬고 먹고 마시고 즐거워하자" 라고 합니다. 이런 생각과 판단을 가지고 사는 인생들에게 예수님은 뭐라고 말씀하십니까?

"어리석은 자여 오늘 밤에 네 영혼을 도로 찾으리니 그러면 네 준비한 것

• 정답 : 자랑

이 누구의 것이 되겠느냐" (눅 12:20)

세상은 결코 영원하지 않습니다. 영원하지 않은 인생의 목적에 너무 집착하지 마시고, 저 천국을 향해 움직여야 합니다. 야고보는 이런 세상적 집착과 허탄한 인생의 쓸데없는 자랑은 다 악한 것이라고 말하고 있습니다. "너희가 도리어 말하기를 주의 뜻이면 우리가 살기도 하고 이것이나 저것을 하리라 할 것이거늘 이제도 너희가 허탄한 자랑을 하니 그러한 자랑은 다 악한 것이라" (약 4:15~16)

세상것을 자랑하지 마시고, 서로 비방하거나 험담하지 마시고, 허탄한 인생의 부귀영화도 자랑하지 마시고 오직 그리스도의 복음만 자랑하시길 바랍니다.

○ 말씀과 함께 하는 나눔 [koinonia]

1. 설교 본문을 한번 더 읽고 본문이 주는 은혜를 나눠봅시다.

2. 남을 판단하거나 미워한 적 있습니까? 혹은 누군가를 비방한 적이 있습니까? 서로 나누어 보고 오늘 말씀에 비추어 앞으로 어떤 마음가짐으로 살아야 할지 이야기 나눠봅시다.

3. 내겐 어떤 자랑거리나 달란트가 있나요? 이야기 나눠보고 내 달란트를 어떻게 세상 가운데 활용하는 것이 유익할지도 이야기 해봅시다.

기도나누기

31. 길이 참고 마음을 굳건히 하라

• 본문 | 약 5:1~11

• 찬송 | 370장, 420장, 423장

오늘 말씀에서 야고보는 두 부류의 각기 다른 환경속에서 삶을 살아가는 사람들에게 메시지를 주고 있습니다.

첫째, (   )나, 불법으로 벌어들인 소득은 무가치하고 그렇게 모은 부자들은 결국 하나님의 심판을 받게 될 것이라 말하고 있습니다.

"들으라 부한 자들아 너희에게 임할 고생으로 말미암아 울고 통곡하라 너희 재물은 썩었고 너희 옷은 좀먹었으며 너희 금과 은은 녹이 슬었으니 이 녹이 너희에게 증거가 되며 불 같이 너희 살을 먹으리라 너희가 말세에 재물을 쌓았도다" (약 5:1~3)

성경은 부의 축재를 경계하고 있습니다. 그래서 마태복음 6장 9절 말씀에도 보면 "너희를 위하여 보물을 땅에 쌓아두지 말라 거기는 좀과 동록이 해하며 도적이 구멍을 뚫고 도적질하느니라"라고 했습니다. 없어지고 사라질 것에 투자하지 마시고 더 가치 있는데 투자하십시오.

둘째, 야고보는 (   )에 대해서도 경고하고 있습니다.

4절에는 "보라 너희 밭에서 추수한 품꾼에게 주지 아니한 삯이 소리 지르며 그 추수한 자의 우는 소리가 만군의 주의 귀에 들렸느니라"라고 했습니다. 품꾼들에게 삯을 제대로 주지 않자, 삯이 소리를 지르며 하나님께 항거하였고, 품삯을 제대로 받지 못한 추수꾼들의 분노와 슬픔의

• 정답 : 불의, 임금 착취

소리가 하나님께 상달되었다 말하고 있습니다.

셋째, 부로 인한 사치나 방탕한 생활도 하나님의 (   )을 면치 못할 것이라 말하고 있습니다.

5절 말씀에 "너희가 땅에서 사치하고 방종하여 살륙의 날에 너희 마음을 살찌게 하였도다"라고 기록되어 있습니다. 돈이 많으면 죄악에 빠질 기회가 더 많아집니다. 여기서 '사치하다'라는 말은 헬라어 '에트뤼페사테'라는 단어로 이기주의와 정욕을 위한 방탕한 생활을 의미합니다. 믿는 자는 가진 것보다 더 검소하게 살아야 하는 것이 마땅합니다.
이제 야고보는 힘없고 가난하지만 가장 값지고 귀한 믿음을 가지고 있는 믿음의 식구들을 향해 "그러므로 형제들아 주께서 강림하시기까지 길이 참으라 보라 농부가 땅에서 나는 귀한 열매를 바라고 길이 참아 이른 비와 늦은 비를 기다리나니 너희도 길이 참고 마음을 굳건하게 하라 주의 강림이 가까우니라"라고 말하고 있습니다(7~8절).

당시 이스라엘 농부들에게 있어서 비는 굉장히 중요합니다. 특별히 이른비와 늦은비는 농작물의 흉년과 풍년을 가름할 정도로 아주 중요합니다. 보통 이른비는 10월에서 11월에 오는 비를 말하고, 늦은비는 4월에서 5월간에 오는 추수 직전의 비를 말합니다. 농부에게 있어서 이 시기에 내리는 비는 생명과도 같은 비입니다.
이른비와 늦은비를 적당한 때에 주시리라는 약속을 굳게 믿어 기대하고 인내하는 것처럼 불의한 자들의 압제와 핍박 가운데서도 그리스인들은 구원의 완성을 소망하며 심판하실 그리스도의 재림을 기다려야 함을 말하고 있습니다. 강림의 때까지 마음을 굳게 하라 말하고 있습니다. "보라 인내하는 자를 우리가 복되다 하나니 너희가 욥의 인내를 들

• 정답 : 심판

었고 주께서 주신 결말을 보았거니와 주는 가장 자비하시고 긍휼히 여기시는 이시니라” (약 5:11)

우리는 욥의 시련을 기억하고 있습니다. 시험을 잘 통과한 욥에게 하나님은 전에 주셨던 것보다 갑절의 축복을 허락하셨습니다.

“여호와께서 욥의 말년에 욥에게 처음보다 더 복을 주시니 그가 양 만 사천과 낙타 육천과 소 천 겨리와 암나귀 천을 두었고 또 아들 일곱과 딸 셋을 두었으며” (욥 42:12)

농부가 이른비와 늦은비를 기다리듯 예수님이 오시는 그날까지 인내하고 믿음을 지키며 이 좁은 길을 가야 할 것입니다. 인내는 곧 축복의 통로입니다.

○말씀과 함께 하는 나눔 [koinonia]

1. 설교 본문을 한번 더 읽고 본문이 주는 은혜를 나눠봅시다.

2. 야고보는 불의한 부자에게 어떤 경고를 하고 있나요? 부자가 해서는 안될 세 가지를 본문에서 찾아 이야기 해봅시다.

3. 하나님께서 지금 내게 어떤 인내를 주시고 계십니까? 또한 나는 어떤 노력을 기울이고 있는지 이야기 나눠봅시다.

기도나누기

32. 죄 아래 있는 인생들

• 본문 | 롬 3:1~18

• 찬송 | 254장, 516장, 580장

오늘 말씀 1~8절까지 바울은 이스라엘 백성들이 하나님이 택하신 백성임을 인정하면서도 그들 역시 죄의 심판을 피할 수 없는 사실에 대해 이야기 합니다.

로마서 9장 4~5절에 보면 "그들은 이스라엘 사람이라 그들에게는 양자됨과 영광과 언약들과 율법을 세우신 것과 예배와 약속들이 있고 조상들도 그들의 것이요 육신으로 하면 그리스도가 그들에게서 나셨으니 그는 만물 위에 계셔서 세세에 찬양을 받으실 하나님이시니라"

이 얼마나 놀라운 축복입니까? 바울은 모든 걸 통틀어 유대인들의 가장 큰 축복은 바로 하나님의 말씀을 맡은 것이라 말하고 있습니다. 그러나 이스라엘 민족이 축복받은 민족이라고 할지라도 하나님의 심판을 피할 수 없다고 말하고 있습니다.

바울은 3절에 "어떤 자들이 믿지 아니하였으면 어찌하리요 그 믿지 아니함이 하나님의 미쁘심을 폐하겠느냐"라고 합니다.

아무리 선택받은 민족이라고 해도 예수님을 믿지 않으면 구원받지 못한다는 말입니다. 하나님은 이스라엘 민족을 사랑하시고 그들이 구원받기를 원하십니다. 그러나 다수가 예수님을 구주로 영접하지 않아 그로 인해 구원받는 숫자가 극소수라 할지라도 하나님의 구속 사역은 결코 취소되거나 변경될 수 없다는 것입니다.

5절에 "그러나 우리 불의가 하나님의 의를 드러나게 하면 무슨 말 하리요 내가 사람의 말하는 대로 말하노니 진노를 내리시는 하나님이 불의하시냐"라고 했습니다. 바울은 인간의 불의가 하나님의 의를 결코 빛나게 할 수 없다고 말합니다. 하나님은 절대 인간의 죄악이나 불의를 용납하시지 않으시고 반드시 심판하시는 분이십니다. 하나님은 불의한 분이 아니시기 때문입니다.

그렇다면 인간이 죄 아래 있다는 선언의 근거가 어디있습니까?

첫째, (　　　)도 없고 깨닫는 자도 없고, 하나님을 찾는 자도 없습니다.

10~12절 말씀에 "기록된 바 의인은 없나니 하나도 없으며 깨닫는 자도 없고 하나님을 찾는 자도 없고 다 치우쳐 함께 무익하게 되고 선을 행하는 자는 없나니 하나도 없도다"라고 했습니다.

여기서 의인은 헬라어로 '디카이오스'라는 단어입니다. 말 그대로 의롭다는 말인데 의롭다는 것을 구약에서는 하나님의 은혜를 입은 자 혹은 하나님과 동행하는 자를 의인으로도 표현하고 있지만, 근본적으로 디카이오스는 하나님의 본성인 선의 개념으로 죄에 오염된 인간에게는 도달할 수 없는 개념의 단어입니다.

둘째, (　　　)을 행하는 자도 없습니다.

여기서 선은 헬라어로 '크레스토테타'라는 단어인데 이것은 하나님의 선을 추구함과 동시에 선행을 하는 것도 포함합니다.

시편 14:1에 "어리석은 자는 그의 마음에 이르기를 하나님이 없다 하는도다 그들은 부패하고 그 행실이 가증하니 선을 행하는 자가 없도다"라고 했습니다. 그렇다면 이대로 끝입니까? 인간은 영영 소망이 없습니까? 그렇지 않습니다. 로마서 3장 23~24절에 "모든 사람이 죄를 범하였으매 하나님의 영광에 이르지 못하더니 그리스도 예수 안에 있는 속량으로 말

• 정답 : 의인, 선

미암아 하나님의 은혜로 값 없이 의롭다 하심을 얻은 자 되었느니라"라고 했습니다.

모든 사람은 죄를 범하였습니다. 방법이 없습니다. 살길이 없습니다. 그로 인해 하나님의 영광에 미치지 못하게 되었습니다. 어둠속에 혹은 절망속에 허우적거리지만 잡을만한 것이 없습니다.

그러나, 산 소망되시는 예수님께서 우리의 죄를 다 속량해주셨습니다. 그분이 흘리신 보혈의 피의 공로를 힘입어 우리는 오직 하나님의 은혜로 값없이 죄인에서 의인이 되었습니다. 이제는 그의 피의 공로를 힘입고 주께로 나아가기만 하면 됩니다. 소망의 끈을 잡고 갑시다.

말씀과 함께 하는 나눔 [koinonia]

1. 설교 본문을 한번 더 읽고 본문이 주는 은혜를 나눠봅시다.

2. 바울은 유대인이 어떤 축복을 받았다고 말하고 있습니까?

3. 인간이 죄 아래 있다는 선언의 근거가 무엇인지 나눠봅시다.

4. 죄 아래 놓인 인간이 하나님께 향하고 구원받을 수 있는 방법에 대해 이야기 해봅시다.

기도나누기

33. 선을 행하라

• 본문 | 벧전 3:8~17

• 찬송 | 218장, 518장, 528장

선을 행하는 것은 하나님의 사랑을 전하는 것이며 하나님의 공의, 하나님의 정의, 하나님의 사명을 힘써 알리는 것입니다. 성경의 대주제는 사랑입니다. 그 사랑은 두 갈래 방향으로 흘려보내야 합니다. 하나님 사랑과 이웃사랑, 이것이 성경 전체의 대 강령입니다.

그렇기 때문에 우리는 서로 고마운 사람이 되어야 합니다. 참다운 이웃이 되어야 합니다. 누가복음 10장에 보면 어떤 율법교사가 예수님께 와서 물었습니다. 율법을 가르칠 정도되니 성경에 대해서는 어느 정도 안다고 볼 수 있는 그런 사람이었습니다.

율법교사는 "선생님, 내가 어떻게 해야 영생을 얻겠습니까?"라고 물었습니다. 예수님께서는 성경의 가르침 대로 "네 마음을 다하며 목숨을 다하며 힘을 다해 하나님을 사랑하고, 네 이웃을 네 자신 같이 사랑하라"라고 말씀하셨습니다. 그러자 율법교사는 "그 이웃이 누굽니까? 그리고 그 기준이 무엇입니까?"라고 되물었습니다. 이에 예수님은 강도 만난 사람 이야기를 하셨습니다.

여리고로 내려가다가 강도를 만난 한 사람이 가진 것을 다 빼앗기고, 엄청 맞아 피를 흘리고 쓰러져 있었습니다. 살려달라고 소리쳤지만, 제사장도 지나가고, 레위인도 지나갔습니다. 그런데 전혀 이웃이라고 생각하지 않았던, 무시하고 천대했던 사마리아 사람이 그 신음소리를 듣고 그에게 다가가서 다친 곳에 포도주를 붓고 자기 짐승에 태워 여관으로 데려갔습니다. 그곳에서 치료를 하게 하고, 부족한 돈이 있다면 돌아올 때 드릴테니 아낌없이 치료해 주라고 당부하고 떠났습니다. 예수님은 율법교사에게 "네 생각에는 이 세 사람 중에 누가 강도 만난 자의 이웃이 되겠느냐?"라고 물었습니다. 그러자 율법교사는 "자비를 베푼 자입니다."라고 대답했고, 예수님은 "가서 너도 이와 같이 하라"라고 말씀하셨습니다. 어느 누구라도 어려움에 처한 자를 내가 도울 수 있는 최고의 방법으로 돕는다면 그게 진정한 이웃이 되는 길입니다. 약한 자들의 이웃이 되어주십시오.

디모데전서 2장 10절 말씀에 "오직 선행으로 하기를 원하노라 이것이 하나님을 경외한다 하는 자들에게 마땅한 것이니라"라고 했습니다. 선을 행하는 것은 믿음 안에서 하나되는 길입니다. 그렇다면 공동체 안에서는 어떻게 선을 행해야 합니까?

또한 베드로전서 3장 8~9절 말씀을 보면 "너희가 다 마음을 같이하여 동정하며 형제를 사랑하며 불쌍히 여기며 겸손하며 악을 악으로, 욕을 욕으로 갚지 말고 도리어 복을 빌라 이를 위하여 너희가 부르심을 받았으니 이는 복을 이어받게 하려 하심이라"라고 했습니다.

여기서 '마음을 같이하여'는 헬라어로 '호모프로네스' 즉, '같은 마음'을 의미합니다. 한 가지 일로 뜻을 합하는 것을 의미합니다. 교회에는 다양한 사역이 있고, 다양한 목적과 계획이 있지만, 한 마음과 한 가지 목표를 가지고 나아가야 합니다. 또한 서로에 대한 동일한 관심을 가지고 영적인 끈으로 연합되어야 합니다.

그리고 '동정하다'라는 말은 '쉼파데이스'라는 헬라어인데 '함께 고통을 받다'라는 뜻입니다. 믿음의 공동체 안에서 하나된다는 것은 비전으로 하나되는 것 뿐만 아니라, 고통도 함께 받는다는 것입니다.
선을 행하면 그 선이 내게 더 큰 축복으로 되돌아옵니다. 잠언 19장 17절 말씀에 "가난한 자를 불쌍히 여기는 것은 여호와께 꾸어 드리는 것이니 그의 선행을 그에게 갚아 주시리라"라고 했습니다.
하나님이 원하시는 선을 행하시기 바랍니다. 서로 고마운 사람이 되어 보십시오. 참다운 이웃이 되어 믿음 안에서 하나 되어 보십시오.
그리고 선을 행하면, 그 선은 눈덩이처럼 불어서 내게 축복으로 다가온다는 사실을 기억하십시오.

말씀과 함께 하는 나눔 [koinonia]

1. 설교 본문을 한번 더 읽고 본문이 주는 은혜를 나눠봅시다.

2. 오늘 말씀을 통해 선이란 무엇이고 어떤 유익이 있는지 본문에서 찾아 이야기를 나눠봅시다.

3. 하나님 사랑과 이웃사랑을 어떻게 실천할 수 있는지 이야기 나눠봅시다.

기도나누기

34. 영적 사망에서 벗어나라

• 본문 | 롬 5:1~7

• 찬송 | 261장, 505장, 510장

오늘 말씀에서 죄에서 벗어나는 방법이 무엇인지 벗어날 수 있는 척도, 그 기준이 무엇인가 살펴보려 합니다. 우리의 생명을 지키기 위해, 우리는 어떻게 해야 합니까?

첫째, 죄가 (   )라는 사실을 깨달아야 합니다.

예수님을 믿는 자라면, 적어도 예수로 인해 구원받았다고 확신한다면 되풀이되는 죄의 굴레를 끊어야 합니다. 내가 죄인이라는 사실을 자각하기 시작할 때부터 하나님의 은혜가 보이기 시작합니다. 그래서 바울은 오늘 말씀에 죄가 심각한 곳에 하나님의 은혜가 더욱 넘쳤다고 말하고 있습니다. 1절 말씀에 "그런즉 우리가 무슨 말을 하리요 은혜를 더하게 하려고 죄에 거하겠느냐 그럴 수 없느니라 죄에 대하여 죽은 우리가 어찌 그 가운데 더 살리요"라고 했습니다.

여기서 '죄에 거한다'는 말의 원문은 '죄를 깨닫는 것'이라고 합니다. 죄를 깨달아야 회개가 나옵니다. 하나님의 기준은 세상의 법처럼 그렇게 불확실하고 어리숙하지 않습니다. 오차가 생길 수 없습니다. 하나님은 정확하게 판단하시고 확실하게 심판하시기 때문에 그렇습니다.

그래서 죄와 사망에서 벗어나기 위해 죄를 죄로 깨닫는 것이 첫번째입니다. 죄에 대한 자각은 영적인 아픔을 느끼는 겁니다. 통증이 없이

• 정답 : 죄

어떻게 아픔을 느낍니까? 가장 심각한 상태는 통증을 모르는 겁니다. 죄를 자각하고 회개하십시오.

둘째, 그리스도와 (   )해야 합니다.

죄의 올무에서 해방되고 벗어나는 길 두 번째는 그리스도와 연합되는 것입니다. 3~4절 말씀을 보면 "무릇 그리스도 예수와 합하여 세례를 받은 우리는 그의 죽으심과 합하여 세례를 받은 줄을 알지 못하느냐 그러므로 우리가 그의 죽으심과 합하여 세례를 받음으로 그와 함께 장사되었나니 이는 아버지의 영광으로 말미암아 그리스도를 죽은 자 가운데서 살리심과 같이 우리로 또한 새 생명 가운데서 행하게 하려 함이라"라고 기록되어 있습니다.

여기서 세례는 단순한 성례 의식을 말하는 게 아닙니다. 세례는 그리스도와 연합을 의미합니다. 세례는 또한 예수님과 함께 죽는 것을 의미합니다. 여기서 '장사되었다'라는 단어는 헬라어로 '쉬메타페멘'이라는 단어인데 옛사람의 종말을 말합니다.

이스라엘 백성들이 세례를 통해 모세를 절대적 지도자로 인정하고 연합하고 의존했듯이 예수님과 합하여 세례 받음은 곧 예수님을 내 구주로 인정하고 연합하고 영생의 구주로 의존해 가야 한다는 의미입니다. 죄와 사망의 늪에서 벗어나기 위해 우리는 예수님과 연합해야 합니다.

5~6절 말씀을 보면 "만일 우리가 그의 죽으심과 같은 모양으로 연합한 자가 되었으면 또한 그의 부활과 같은 모양으로 연합한 자도 되리라"라고 했습니다. 여기서 연합은 '쉼퓌토'라는 헬라어로 함께 '심기워진', '함께 자라난' 이란 뜻을 지니고 있습니다. 다시 말해 연합은 예수님과 함께 심기워지고 함께 자라나는 것을 의미합니다.

• 정답 : 연합

우리는 예수님과 함께 죽어야 함께 부활할 수 있습니다. 거듭남이 곧 부활의 첫 시작인 것입니다. 거듭나지 않고 부활에 참여할 수 없습니다. 예수님과 연합한 삶이 되어야 합니다.

죄는 우리가 통제할 수 있는 문제가 아닙니다. 죄는 마치 도박중독처럼, 알콜 중독처럼 중독 증세가 있어서 우리는 자꾸 넘어지고 쓰러질 수 밖에 없습니다. 유일한 치료는 예수님 밖에 없습니다.

사단은 믿음대로 살려고 하는 우리를 분열시킵니다. 그러나 죄의 심각성을 자각하십시오. 그리고 주님과 연합하십시오. 그것이 죄와 사망의 길에서 벗어나는 길입니다. 함께 노력합시다.

말씀과 함께 하는 나눔 [koinonia]

1. 설교 본문을 한번 더 읽고 본문이 주는 은혜를 나눠봅시다.

2. 영적 사망에서 벗어나는 길을 본문 중심으로 이야기를 나눠봅시다.

3. 교회 공동체에서 그리스도와 연합하는 일에는 어떤 것들이 있을지 이야기를 나눠보고 실천해봅시다.

기도나누기

35. 은혜의 지배를 받으라

• 본문 | 롬 7:1~12
• 찬송 | 30장, 364장, 369장

하나님의 법 앞에 살아날 자는 아무도 없습니다. 우리 인생은 필연적으로 사망의 길로 갈 수밖에 없습니다. 하지만 하나님의 은혜로 말미암아 필연적 사망의 길에서 예외적인 구원의 길로 갈 수 있게 되었습니다. 그것은 예수님을 믿는 길입니다. 그 예외 조항이 우리를 살린 것입니다. 그래서 로마서 3장 10~12절에 "기록된 바 의인은 없나니 하나도 없으며 깨닫는 자도 없고 하나님을 찾는 자도 없고 다 치우쳐 함께 무익하게 되고 선을 행하는 자는 없나니 하나도 없도다"라고 했습니다.

그렇다면 오늘 말씀에서 바울은 율법에 대해 뭐라고 말하고 있습니까? 1절에 "형제들아 내가 법 아는 자들에게 말하노니 너희는 그 법이 사람이 살 동안만 그를 주관하는 줄 알지 못하느냐"라고 하셨습니다. 바울은 법, 율법이라는 것은 우리가 살아있을 때만 구속력을 갖게 된다고 말하고 있습니다.
바울은 그것을 부부관계를 예로 들어 설명하고 있습니다. 2절~3절 말씀에 "남편 있는 여인이 그 남편 생전에는 법으로 그에게 매인 바 되나 만일 그 남편이 죽으면 남편의 법에서 벗어나느니라 그러므로 만일 그 남편 생전에 다른 남자에게 가면 음녀라 그러나 만일 남편이 죽으면 그 법에서 자유롭게 되나니 다른 남자에게 갈지라도 음녀가 되지 아니하느니라"라고 했습니다.

성경은 남편을 법으로 봤습니다. 아내 입장에서 법은 남편이고, 그 법에서 해방되려면 남편이 죽어야 합니다. 그런데 부부사이에서는 남편이 죽음으로 법이 소멸되지만, 영적으로는 율법은 없어지지 않고 죽지 않습니다. 그래서 죽는 건 율법이 아니라 바로 우리입니다. 율법은 죄를 선명하게 드러냅니다. 죄를 죄로 판단하는 것이 율법입니다.

8절 말씀에 "죄가 기회를 타서 계명으로 말미암아 내속에 온갖 탐심을 이루었나니 이는 율법이 없으면 죄가 죽은 것임이라"라고 했습니다.
여기서 죄가 '기회를 탔다.'라고 했는데 기회는 헬라어로 '아포르메'라는 단어입니다. 이 단어는 '아포' 즉 '장소'와 '호르메' 즉 '출발하는'에 합성어입니다. 즉 죄의 출발 지점이 율법이라는 것입니다. 바울은 그런 은혜의 지배를 받는 우리가 어떻게 행동해야 할지를 두 가지로 말하고 있습니다.

첫째, 예수님 안에서 하나님의 (　　　)를 맺어야 합니다.
오늘 4절 말씀에 "그러므로 내 형제들아 너희도 그리스도의 몸으로 말미암아 율법에 대하여 죽임을 당하였으니 이는 다른 이 곧 죽은 자 가운데서 살아나신 이에게 가서 우리가 하나님을 위하여 열매를 맺게 하려 함이라"라고 했습니다. 죽은 자 가운데서 살아나신 그분이 바로 예수 그리스도이십니다. 그분께 가라는 것입니다. 우리가 가야할 그 지향점은 바로 예수님 안입니다.

둘째, 영의 (　　　)으로 섬겨야 합니다.
영의 새로운 것을 섬긴다는 것은 다시 말해 성령께서 역사하시는 새로운 것으로 섬긴다는 말입니다.

• 정답: 열매, 새로운 것

6절에 "이제는 우리가 얽매였던 것에 대하여 죽었으므로 율법에서 벗어났으니 이러므로 우리가 영의 새로운 것으로 섬길 것이요 율법 조문의 묵은 것으로 아니할지니라"라고 했습니다.

결론은 명확합니다. 우리는 은혜의 지배를 받아야 합니다. 우리의 믿음은 결코 헛되지 않습니다. 큰 생명력이 있습니다. 이 은혜 아래서 굳건한 믿음을 안고 은혜의 지배를 받으시기 바랍니다.

○말씀과 함께 하는 나눔 [koinonia]

1. 설교 본문을 한번 더 읽고 본문이 주는 은혜를 나눠봅시다.

2. 오늘 본문 말씀을 읽고, 죄와 율법은 어떤 관계가 있는지 이야기 해보고 율법을 초월하는 하나님 은혜의 법은 어떤 특징이 있는지 이야기 나눠봅시다.

3. 교회에서, 직장에서, 가정에서 하나님 은혜의 지배를 받는 자로서 어떻게 행동해야 할지 생각해보고 이야기를 나눠봅시다.

기도나누기

36. 곤고한 인생

- 본문 | 롬 7:13~25
- 찬송 | 94장, 182장, 191장

하나님의 뜻대로 열심히 살려 애쓰는 분들도 좌절하는 부분이 있습니다. 바로 죄 문제입니다. 죄는 통제할 방법이 없습니다.
바울도 영생의 소망을 품고 사력을 다해 전도하지만 여전히 자신의 악한 구석이 사라지지 않는 것을 발견하게 되었다고 말합니다.
13절 말씀을 보면 "그런즉 선한 것이 내게 사망이 되었느냐 그럴 수 없느니라 오직 죄가 죄로 드러나기 위하여 선한 그것으로 말미암아 나를 죽게 만들었으니 이는 계명으로 말미암아 죄로 심히 죄 되게 하려 함이라"라고 했습니다. 그렇다면 계명 때문에 우리가 좌절하니까 계명이 악한 것입니까? 계명이 폐기되어야 합니까? 바울은 강하게 결코 그럴 수 없다고 했습니다. 악한 것은 우리이지, 율법이 아니기 때문입니다. 그래서 바울은 14절에 "우리가 율법은 신령한 줄 알거니와 나는 육신에 속하여 죄 아래에 팔렸도다"라고 했습니다.

죄 아래 팔렸다는 것은 죄의 노예가 되었다는 것입니다. 여기서 육신에 속한 죄는 '사르키노스'라는 단어를 사용하고 있는데 이 단어는 죄에 대해 저항력이 없는 자를 가리킵니다. 이처럼 어쩔 수 없는 인간의 모습을 바울은 이렇게 표현합니다.
19절에 "내가 원하는 바 선은 행하지 아니하고 도리어 원하지 아니하는 바 악을 행하는도다"라고 했습니다.
그리고 이어서 그럴 수밖에 없는 이유가 17절에 기록된 말씀처럼 20절에도 "내 속에 거하는 죄니라"라고 했습니다.

그래서 바울은 21~23절에 "그러므로 내가 한 법을 깨달았노니 곧 선을 행하기 원하는 나에게 악이 함께 있는 것이로다 내 속사람으로는 하나님의 법을 즐거워하되 내 지체 속에서 한 다른 법이 내 마음의 법과 싸워 내 지체 속에 있는 죄의 법으로 나를 사로잡는 것을 보는도다."라고 했습니다. 여기서 바울이 깨달은 법이 무엇입니까?

칼빈의 주장대로 하나님의 법(22절), 마음의 법(23절), 죄의 법(23절)이 그것입니다. 우리 인간에게는 하나님 뜻대로 살려고 몸부림치려는 의지와 노력이 분명히 있습니다.

아무리 악한 사람이라도 선한 삶을 살려고 애를 쓰기도 합니다. 또한 아무리 선한 사람이라 해도, 신앙대로 살려고 노력하는 사람도 악한 구석이 얼마든지 있다는 겁니다. 바울은 이것이 인간으로서의 한계라고 말하고 있습니다.

"오호라 나는 곤고한 사람이로다 이 사망의 몸에서 누가 나를 건져내랴"

여기서 '곤고한 사람'의 헬라어 '탈라이포로스'는 '심한 고난을 겪는 사람'의 의미를 지니고 있고 '비참한 사람'(wretched man, KJV, NIV, RSV)으로 번역하기도 합니다. 그렇게 복음의 열정으로 전도했던 바울조차도 자신이 전혀 선을 행할 능력이 없다는 절망감과 비참함에 탄식하고 있는 것입니다.

왜 이런 곤고함과 인간에 대한 절망을 느끼게 됩니까? 예수님을 믿기 때문에 오는 곤고함입니다. 부정적인 곤고함이 아니라 소망을 이루는 곤고함입니다. 인간적인 절망이 와야 우리는 두 손을 드는 간사한 인생들입니다. "곤고한 자로다"라는 신앙 고백이 곧 두 손 드는 인생의 모습이라는 것입니다.

바울은 곤고한 인생에서 건져주실 분이 바로 예수 그리스도라고 결론을 내립니다.

25절에 "우리 주 예수 그리스도로 말미암아 하나님께 감사하리로다"라고 했습니다. 구원의 확신과 감격으로 눈물 흘려본 적 있으십니까? 구원의 확신과 감격이 있다면 내가 흘리는 눈물은 죄에 대한 비참함의 눈물이며 그럴 수밖에 없는 나를 살려주신 예수 그리스도에 대한 감격에서 비롯된 눈물입니다. 그런 눈물을 흘리셨으면 좋겠습니다.

이 사망의 늪에서 누가 나를 건져내랴? 오직 예수 그리스도밖에 없음을 기억하시고 이 믿음 더욱 굳게 지키시길 바랍니다.

○ 말씀과 함께 하는 나눔 [koinonia]

1. 설교 본문을 한번 더 읽고 본문이 주는 은혜를 나눠봅시다.

2. 오늘 말씀에서 바울이 주장하는 인간의 모습은 어떤지 이야기 해봅시다. 인간으로서의 한계, 그 한계를 극복할 방법 등.

3. 한계를 느껴본 적이 있습니까? 신앙생활중에 잘 실천되지 않는 부분이 있다면 이야기를 나누어 보고 그 한계를 극복할 방법도 이야기 나눠봅시다.

기도나누기

37. 양자의 영을 받으라

• 본문 | 롬 8:11~18
• 찬송 | 191장, 406장, 413장

오늘 8장의 말씀을 찬찬히 살펴보면 유독 눈에 많이 띄는 단어가 있습니다. 바로 성령, 영이라는 단어입니다. 앞서 7장에서는 율법, 계명 또는 법이란 단어를 매우 자주 사용했던 것과 대조적으로 8장에서는 생명의 성령, 영을 따라, 영의 생각, 하나님의 영, 살리신 이의 영, 성령 등등 영이 21번이나 기록되어 있습니다. 여기서 말하는 영은 공통적인 한 단어로 쓰여 있습니다. 바로 '푸뉴마'라는 단어입니다.
원래 퓨뉴마는 공기의 흐름, 숨, 미풍 등에서 유래된 단어인데 이것이 영적으로 영혼, 생동하는 원리, 정신적 기질로 쓰입니다. 또한 신앙적으로, 초인간적인 면으로 사용될 때는 하나님의 영, 그리스도의 영, 성령을 대변하는 단어입니다. 그 영, 프뉴마 즉 성령을 따르는 길이 우리를 살리는 길입니다.

고린도전서 15장 45절 말씀을 보면 "기록된 바 첫 사람 아담은 생령이 되었다 함과 같이 마지막 아담은 살려 주는 영이 되었나니 그러나 먼저는 신령한 사람이 아니요 육의 사람이요 그 다음에 신령한 사람이니라"라고 했습니다. 여기서 살려주는 영은 바로 성령님이십니다.
성령님은 장래에 생명을 주시는 분이실 뿐만 아니라, 지금 우리가 살고 있는 현재의 삶 가운데에서도 생명을 주시는 영으로 오신 분이십니다. 오늘 본문이 우리에게 말하고 있는 것은 크게 두 가지입니다.

첫째, (　　　)의 영을 받으라는 것입니다.

양자라는 개념은 철저히 우리 인간적 사고하에서 표현한 상징이라는 것을 먼저 염두해 두시기 바랍니다. 우리 인간은 원래 하나님의 나라를 상속받을 상속자였습니다. 하지만 죄로 인해 우리는 그 권리를 빼앗기고 하나님과 단절되었습니다.

그로 인해 하나님의 나라엔 상속받을 자가 없어졌습니다. 하나님은 하나님 나라의 대를 잇기 위해 예수 그리스도의 구속의 은혜로 죄로 죽었던 우리를 살리셨습니다. 살려내신 우리를 성령의 보증으로 양자로 입양하신 것입니다. 우리가 하나님의 양자가 되기만 하면 구원받습니다. 영원한 천국을 상속받게 됩니다. 바울은 그래서 우리가 영의 생각을 갖고 양자의 영을 받아야 한다고 말하는 겁니다.

그렇다면 양자의 영은 어떻게 받습니까? 14절 말씀에 하나님의 영으로 인도함을 받은 사람이 곧 하나님의 양자가 된다고 기록하고 있습니다.

11절 말씀에 "예수를 죽은 자 가운데서 살리신 이의 영이 너희 안에 거하시면 그리스도 예수를 죽은 자 가운데서 살리신 이가 너희 안에 거하시는 그의 영으로 말미암아 너희 죽을 몸도 살리시리라"라고 했습니다.

양자의 영을 받으십시오. 양자의 신분으로 사십시오.

15절에 "너희는 다시 무서워하는 종의 영을 받지 아니하고 양자의 영을 받았으므로 우리가 아빠 아버지라고 부르짖느니라"라고 했습니다.

둘째, 양자됨은 (　　　)께서 보증해주십니다.

16절에 "성령이 친히 우리의 영과 더불어 우리가 하나님의 자녀인 것을 증언하시나니"라고 했습니다. 이처럼 성령님은 양자됨을 증언해주시는 분이십니다. 또한 우리가 성령님을 통해 양자로 보증 받았기에 17절에

• 정답 : 양자, 성령

"자녀이면 또한 상속자 곧 하나님의 상속자요 그리스도와 함께 한 상속자니 우리가 그와 함께 영광을 받기 위하여 고난도 함께 받아야 할 것이니라"라고 말하고 있습니다. 성령님을 의지하는 양자의 영을 받으십시오. 그것이 진정 하나님이 원하시는 구원의 길이요 천국을 상속받을 유일한 길입니다.

현재는 고난과 유혹의 연속입니다. 견뎌내야 합니다. 18절 말씀에 " 생각하건대 현재의 고난은 장차 우리에게 나타날 영광과 비교할 수 없도다" 라고 했습니다. 이 말씀을 의지하여 하나님께서 원하시는 길로, 하나님께서 이끄시는 길로 나아가시길 바랍니다.

○ 말씀과 함께 하는 나눔 [koinonia]

1. 설교 본문을 한번 더 읽고 본문이 주는 은혜를 나눠봅시다.

2. 양자의 영을 받는다는 것은 어떤 의미인지 오늘 본문에서 찾아 이야기 해봅시다.

3. 나는 하나님의 양자가 되었다는 사실을 믿습니까? 그 증거를 무엇으로 설명할 것인지 이야기 나눠봅시다.

기도나누기

38. 부흥의 주역이 되어라

• 본문 | 합 3:1~4

• 찬송 | 254장, 350장, 353장

본문 1절에 '시기오놋'이라는 단어는 음악 용어로 급격한 변화가 있는 리듬을 감동적인 가락으로 부르는 정열적인 노래를 뜻합니다. 시기오놋은 곧 하나님을 향한 하박국 선지자의 마음속에 타오르는 열정이라고 볼 수 있습니다. 2절에 하박국 선지자는 이렇게 고백합니다.

"여호와여 내가 주께 대한 소문을 듣고 놀랐나이다 여호와여 주는 주의 일을 이 수년 내에 부흥하게 하옵소서 이 수년 내에 나타내시 옵소서 진노 중에라도 긍휼을 잊지 마옵소서"

여기서 하박국 선지자가 말한 '부흥'은 영화로운 회복을 말합니다. 하박국은 폐허가 되고, 없어지고, 말라 죽었다면 그것을 다시 소생시켜 달라고 합니다. 회복시켜 달라는 말입니다.

그렇다면 교회가 부흥하기 위해서는 무엇을 해야 합니까?

첫째, 과거를 (　　　　)하지 말고, 미래의 부흥을 구해야 할 것입니다.

하박국 선지자가 원하는 부흥은 지금은 이렇게 초라한 모습이지만, 다시금 다윗과 솔로몬 시대를 회복시켜 하나님의 진노의 때가 지나가고 하나님의 긍휼의 때를 빨리 허락해 달라는 것이었습니다.

우리도 이런 기도가 필요합니다. 성경이 약속한 부흥을 주옵소서. 비록 지금 부족하지만, 수년내 부흥을 이루어 달라고 기도해야 합니다.

• 정답 : 추억

둘째, (   ) 부흥을 위해 사람을 세워야 합니다.

교회는 사람이 필요합니다. 기도의 사람, 봉사의 사람, 전도의 사람 , 무엇보다도 역동적으로 교회를 움직이게 하는 젊은이들이 필요합니다. 하박국 선지자는 하나님이 허락된 부흥을 표현하고 있습니다.

3절 말씀을 보면 "하나님이 데만에서부터 오시며 거룩한 자가 바란 산에서부터 오시는도다(셀라)그의 영광이 하늘을 덮었고 그의 찬송이 세계에 가득하도다"라고 했습니다.

여기 '데만'은 에돔의 한 지방을 가리키는데 남쪽에 있습니다. 그래서 시내산 지역, 다시 말하면 하나님께서 시내산에 임하시던 그 권능을 상징하고 있습니다. 또 바란산이라는 곳도 시내산 곁에 있는 산인데 이 산도 결국은 이스라엘 민족을 애굽에서 구원하시던 하나님의 강렬한 영광을 표현하고 있습니다. 그래서 "그의 광명이 햇빛 같고 광선이 그의 손에서 나오니 그의 권능이 그 속에 감추어졌도다"라고 말씀하고 있습니다. 이처럼 하나님의 임재의 권능과 그 영광과 오묘하심에 대한 비밀을 표현하고 있는데 이것이 곧 부흥이라는 것입니다.

"주의 일을 수년내에 부흥케 하옵소서" (2절).

이 말은 다윗과 솔로몬 시대를 회복시켜 달라는 의미가 있으면서 더 깊은 심조에는 "이 땅에 하나님의 나라가 임하시옵소서. 예수 그리스도의 영광스러운 나라가 임하시옵소서" 와 같은 뜻을 내포하고 있습니다.

셋째, (   )해야 합니다.

다음 세대 부흥을 이루기 위해 가장 중요한 것 바로, 회개입니다.

"너희는 여호와를 만날 만한 때에 찾으라 가까이 계실 때에 그를 부르라 악인은 그의 길을, 불의한 자는 그의 생각을 버리고 여호와께로 돌아오라 그리하면 그가 긍휼히 여기시리라 우리 하나님께로 돌아오라 그가 너그

• 정답 : 다음 세대, 회개

럽게 용서하시리라" (사 55:6-7). 하나님의 은혜가 임할 때마다 우리 속에 있는 못된 생각, 못된 마음과 행실이 다 물러갑니다.

베드로가 나와서 많은 사람들 앞에 예수의 복음을 전할 때 놀라운 부흥의 운동이 일어났습니다. 그 부흥의 시작은 말씀을 깨닫는데부터 시작되었습니다. "저들이 이 말을 듣고 마음에 찔려" (행 2:27). 이어 사람들은 "우리가 어찌할꼬"라고 했습니다. 하나님의 말씀을 들을 때 마음이 찔려서 회개 운동이 일어나기 시작했던 것입니다. 그때 베드로는 저들에게 강권적으로 선포합니다. "너희가 회개하고 예수 그리스도의 이름으로 세례를 받고 죄사함을 받으라"

부흥은 이처럼 하나님의 생명의 능력을 받는 것입니다.

○ 말씀과 함께 하는 나눔 [koinonia]

1. 설교 본문을 한번 더 읽고 본문이 주는 은혜를 나눠봅시다.

2. 교회가 부흥하려면 어떻게 노력해야 할까요? 오늘 본문 중에 세 가지를 찾아보고 나눠봅시다.

3. 오늘 내가 속한 교회의 부흥을 위해 구체적을 노력해야 할 부분에 대해 이야기를 나눠봅시다.

기도나누기

39. 당신도 위로받을 자격이 있다

• 본문 | 고후 1:4~7

• 찬송 | 380장, 384장, 405장

하나님은 우리를 도우시는 분입니다. 위로하시는 분입니다.

"우리의 모든 환난 중에서 우리를 위로하사 우리로 하여금 하나님께 받는 위로로써 모든 환난 중에 있는 자들을 능히 위로하게 하시는 이시로다"

오늘 본문인 고린도후서 1장에만 '위로'라는 단어가 무려 9번이나 나옵니다. 위로는 '팔라크레시' 라는 단어로 보혜사 성령과 같은 어근을 가진 말로서 '옆에서 부른다.'라는 뜻을 가지고 있습니다. 그렇다면 내가 하나님으로부터 위로를 받으려면 어떻게 해야 할까요?

첫째, 하나님께서 내 옆에서 날 위로하고 계심을 (   )해야 합니다.

분명 말씀에 우리의 모든 환란 중에서 우리를 위로하사 라고 기록하고 있습니다. 문제는 나입니다. 내가 하나님이 곁에 계심을 믿으시기 바랍니다.

둘째, 하나님의 위로를 받으려면 (   )해지십시오.

하나님께 약해지라는 게 무슨 말입니까? 하나님은 약한 자를 위로하시는 분이십니다. 하나님도 내가 흘리는 눈물의 기도에 약하십니다. 울면서 기도하십시오. 그 약한 모습을 하나님은 원하십니다. 어찌보면 하나님께 약해진다는 것은 곧 내 자아를 꺾는 일입니다.

• 정답 : 인식, 약

셋째, 고난이 클수록 하나님의 (   )도 넘칩니다.

바울의 복음 전파를 위한 사역의 여정은 고난과 고통의 가시밭길이었습니다. 하지만 바울이 어떤 고백을 하고 있습니까? 5절 말씀에 "그리스도의 고난이 우리에게 넘친 것 같이 우리가 받는 위로도 그리스도로 말미암아 넘치는도다"라고 했습니다. 고난의 강도만큼 우리가 받을 위로도 크다는 겁니다. 바울은 더 큰 그리스도의 위로함으로 힘과 에너지를 공급 받았던 것입니다.

시편 42편 5절에 "내 영혼아 네가 어찌하여 낙심하며 어찌하여 내 속에서 불안해 하는가 너는 하나님께 소망을 두라 그가 나타나 도우심으로 말미암아 내가 여전히 찬송하리로다"라고 했습니다. 하나님께 소망을 두기만하면 반드시 위로하시고 모든 시험과 환란, 불안에서 치유해주시리라 약속하셨습니다.

넷째, 하나님은 (   )을 견디게 하십니다.

6절 말씀에 "우리가 환난 당하는 것도 너희가 위로와 구원을 받게 하려는 것이요 우리가 위로를 받는 것도 너희가 위로를 받게 하려는 것이니 이 위로가 너희 속에 역사하여 우리가 받는 것 같은 고난을 너희도 견디게 하느니라"라고 했습니다. 또 한 가지 우리는 생리적으로, 고난 속에서 강해지는 습성이 있습니다. 고난을 극복해 나갈 지혜를 가지고 있습니다. 하나님은 그 극복의 지혜로 어려움을 헤쳐나가길 원하시며 해결할 수 있는 지혜와 기회를 주십니다.

다섯째, 교회는 (   )의 공동체가 되어야 합니다.

하나님께 위로받으려면 서로 위로하십시오. 바울은 자신도 힘든 중에 고린도교회를 위로하고 있습니다. 7절에 "너희를 위한 우리의 소망이

• 정답 : 은혜, 고난, 위로

견고함은"이라고 했습니다. 지금 여기서 '너희'는 누구를 말합니까? 바로 고린도 교회를 말하고 그곳의 성도들을 말합니다.

고린도 교회에는 많은 문제가 있었습니다. 교회 안에 깊숙이 침투해 들어온 이단의 문제, 바울의 사도권의 문제, 교회의 분열의 문제 등 산재해 있는 고난이 많았습니다. 하지만 바울은 그 안에서 소망을 말하고 있습니다.

하나님께 약해지십시오. 더욱 겸손한 모습으로 나아갈 때 소망의 하나님께서 우리 안과 밖을 감찰하시고 이 고통에서, 이 슬픔에서, 건져주시고 늘 위로하심으로 승리와 회복의 길을 걷게 하실 것입니다.

○ 말씀과 함께 하는 나눔 [koinonia]

1. 설교 본문을 한번 더 읽고 본문이 주는 은혜를 나눠봅시다.

2. 하나님께 약해진다는 것은 어떤 의미입니까? 또한 하나님께 약해지면 어떤 일들이 생기는지 본문에서 찾아보고 이야기해봅시다.

3. 살아오면서 견디기 힘들만큼 고난받은 적이 있습니까? 있다면 어떻게 그 고난을 극복했는지 이야기해봅시다.

기도나누기

40. 버릴 것과 소유할 것

• 본문 | 행 3:1~10

• 찬송 | 191장, 492장, 496장

진정으로 나를 버리고 예수님께로 향하는 믿음을 소유하려면 어떻게 해야 합니까?

첫째, (   ) 된 것을 버리십시오.

예수님의 자녀답게 행동하려면 내 안에 가득차 있는 나 된 것을 하나하나 끄집어 내어 버리시기 바랍니다. 한 부자 청년에 예수님께 다가 왔습니다. 이 청년은 모든 것을 다 지켰다고 자부합니다. "그 청년이 이르되 이 모든 것을 내가 지키었사온대 아직도 무엇이 부족하니이까"라고 질문합니다. 이에 예수님은 "네가 온전하고자 할진대 가서 네 소유를 팔아 가난한 자들에게 주라 그리하면 하늘에서 보화가 네게 있으리라 그리고 와서 나를 따르라"라고 대답하십니다.

"네 소유를 팔아 가난한 자들에게 주라"라는 말은 무엇을 의미합니까? 비우라는 겁니다. 네가 가진 것 버리라는 것입니다. 그때 그 청년에 대해서 성경은 "그 청년이 재물이 많으므로 이 말씀을 듣고 근심하며 가니라"라고 기록했습니다. 예수님은 네가 가진 소유물을 팔아서 가난한 자를 도우라고만 말씀하신게 아닙니다.

그렇게 비웠을 때 정말로 중요한 천국의 보화로 채워줄 것이라 말씀하고 계신 겁니다. 우리가 진정으로 소유할 것은 하늘의 보화이지, 지금

• 정답 : 나

네가 가지고 있는 그 금은보화가 아니라는 겁니다. 삭개오도 자신의 소유를 버리고자 했을 때 그의 집에 구원이 이르렀습니다.

"삭개오가 서서 주께 여짜오되 주여 보시옵소서 내 소유의 절반을 가난한 자들에게 주겠사오며 만일 누구의 것을 속여 빼앗은 일이 있으면 네 갑절이나 갚겠나이다 예수께서 이르시되 오늘 구원이 이 집에 이르렀으니 이 사람도 아브라함의 자손임이로다 인자가 온 것은 잃어버린 자를 찾아 구원하려 함이니라" (눅 19:8~10)

둘째, (　　　)으로 채우십시오.

내 안에 가득한 세속적인 나를 버려야 하지만 반드시 소유해야 할 것이 있습니다. 반드시 채워야 할 것이 있습니다. 그것은 복음입니다.

셋째, (　　　)의 복음을 나누십시오.

우리에게 가장 소중한 것이 무엇입니까? 예수님입니다. 그래서 우리는 예수님의 복음을 나누어야 합니다. 사도행전 3장에 요한과 베드로가 성전을 올라가고 있었습니다. 그때 성전 미문에 구걸하고 있던 한 앉은뱅이가 있었습니다. 요한과 베드로가 다가오자 소리치며 도와달라고 하였습니다. 요한과 베드로는 세상적으로 아무것도 없었습니다. 하지만 그에게 오직 예수 이름의 권능이 있었습니다.

앉은뱅이가 구걸하자 베드로는 "은과 금은 내게 없지만 내게 있는 것으로 네게 주겠다."라고 말합니다. 동전 몇닢 조차 줄 수 없는 상황이지만 그것으로 비교할 수 없는 예수 그리스도의 능력으로 앉은뱅이를 일으켰습니다.

베드로가 "곧 나사렛 예수 이름으로 일어나 걸으라"라고 말하자 그 앉은뱅이는 다리에 힘을 얻고 일어나 걸었고 뛰었고 하나님을 찬양하기까

• 정답 : 복음, 예수님

지 했습니다.

세상의 썩은 가치를 내버리시고, 오직 내 안에 예수님을 나누십시오. 예수님의 복음을, 예수의 능력과 권세를 세상 사람들에게 전하십시오. 내가 전한 예수님은 능력으로 되돌아옵니다. 이것이 진정한 소유입니다. 우리는 예수님으로 인도하는 안내자가 되어야 합니다.

예수님을 알리는 것, 이것이 나누는 것입니다. 내 속에 내 것을 버리십시오. 그리고 예수 그리스도의 복음으로 채우십시오. 그 복음을 나누십시오. 안내자가 되십시오. 이것이 신앙의 바른 자세이자 실천해야 할 행동 강령입니다.

○ 말씀과 함께 하는 나눔 [koinonia]

1. 설교 본문을 한번 더 읽고 본문이 주는 은혜를 나눠봅시다.

2. 본문을 읽고 내가 버릴 것과 나눌 수 있는 부분에 대해 서로 이야기를 나누어 봅시다.

3. 어떻게 전도해야 하나님의 복음을 온전히 나눌 수 있을지 이야기해봅시다.

기도나누기

41. 의의 종으로 삽시다

• 본문 | 롬 6:15~23

• 찬송 | 436장, 488장, 542장

오늘 본문의 결론은 죄의 삯은 사망이기에 죄에 이끌리지 말라, 죄에 지배를 받지 말라고 경고하고 있습니다. 믿음으로 믿는 자답게 살아간다면 이것이 의에 지배를 받는 것, 곧 하나님의 은혜 아래 놓여있는 상태이고, 이런 삶의 결론은 영생이라 말씀하고 있습니다.
그렇다면 우리가 이런 사망을 벗어나 영생의 길로 유지하며 신앙생활하려면 어떻게 살아가야 합니까? 어떤 노력을 기울여야 합니까?

첫째, 이 죄의 (　　　)로부터 벗어나야 합니다.
오늘 12절 말씀을 보면 "그러므로 너희는 죄가 너희 죽을 몸을 지배하지 못하게 하여 몸의 사욕에 순종하지 말고"라고 했습니다. 여기서 몸은 헬라어로 '소마'라는 단어인데 '육체'라는 뜻입니다. 또한 몸의 사욕은 '에피뒤미아'라는 단어로 '동경', '정욕', '욕망' 등을 말하고 있습니다. 즉 죄가 네 육체에 동경과 정욕과 욕망으로 다가온다는 겁니다. 거기에 순종하는 것 자체가 지배를 받는 겁니다.

그런데 13절에는 '지체'라는 단어가 나옵니다. 13절에 "또한 너희 지체를 불의의 무기로 죄에게 내주지 말고 오직 너희 자신을 죽은 자 가운데서 다시 살아난 자 같이 하나님께 드리며 너희 지체를 의의 무기로 하나님께 드리라"라고 했습니다.

• 정답 : 지배

여기서 지체는 '멜로스'라는 단어로 몸의 사지, 각 부분을 말합니다. 몸의 각 부분이라는 것은 몸통에 달린 모든 것을 말합니다. 이 멜로스 각 부분이 죄를 끌어당기는 못된 도구가 될 수 있는 겁니다.
죄의 지배를 받게 되는게 몸의 사욕, 에피뒤미아가 죄악을 동경하고, 음란을 동경하고, 탐욕과 시기와 정욕을 동경하여 생각을 빼앗기게 되고 멜로스 즉 몸의 각 지체들이 그 욕망을 따라 죄된 행동을 실천하게 된다는 것입니다. 이것을 경계하라는 것입니다.
우리는 예수님으로 인해 죄에 대해 죽은 자들입니다. 죄의 지배를 받는 자가 되어선 안 될 것입니다. 그렇다면 어떻게 죄로부터 벗어나야 할까요?

두 번째, 의의 (　　　)노릇해야 합니다.
죄에 종 노릇하는 것은 결국 사망이요, 하나님께 순종은 의에 이른다고 성경은 기록 하고 있습니다. 16절 말씀에 "너희 자신을 종으로 내주어 누구에게 순종하든지 그 순종함을 받는 자의 종이 되는 줄을 너희가 알지 못하느냐 혹은 죄의 종으로 사망에 이르고 혹은 순종의 종으로 의에 이르느니라"라고 했습니다. 여기서 의는 '디카이오쉬네'라는 단어로 '공정성'이라는 뜻을 가지고 있지만 본문의 내용상 의로움을 의미합니다. 이 디카이오쉬네 즉, 의는 칭의를 말합니다. 의롭게 보아주시는 하나님의 은혜의 인정을 말합니다.
우리는 하나님의 의를 지향하며 그에 종속되어 살아야 합니다. 죄의 지배를 거부하고 의의 순종함으로 나아가야 합니다. 의의 지배를 받으십시오. 절대로 죄의 종이 되지 마십시오.

오늘 말씀의 결론은 23절에 있습니다. "죄의 삯은 사망이요 하나님의 은

• 정답 : 종

사는 그리스도 예수 우리 주 안에 있는 영생이니라" 이 말씀을 기억하면서 죄된 길을 벗어나 생명의 길, 의의 길로 걸어가시기 바랍니다.

ㅇ말씀과 함께 하는 나눔 [koinonia]

1. 설교 본문을 한번 더 읽고 본문이 주는 은혜를 나눠봅시다.

2. 죄의 종으로 사는 자와 의의 종으로 사는 자의 특징과 그들의 결론이 어떻게 차이가 있는지 서로 나눠봅시다.

3. 의의 종으로 살기 위해 우리는 어떤 노력을 해야 할지 이야기 나눠봅시다.

기도나누기

42. 성숙한 그리스도인이 되라

- 본문 | 엡 4:13~16
- 찬송 | 197장, 454장, 563장

성숙된 그리스도인이란 어떤 자입니까?

첫째, (　　　　)을 닮아가면서 자라나는 자입니다.

13절에 "우리가 다 하나님의 아들을 믿는 것과 아는 일에 하나가 되어 온전한 사람을 이루어 그리스도의 장성한 분량이 충만한 데까지 이르리니"라고 했습니다. 여기서 아들을 믿는 것은 '피스티스'라는 단어인데 확신을 말합니다. 또한 아는 것은 '에피그노시스'라는 단어로 '인정하다'라는 뜻과 knowledge, 즉 지식을 말합니다. 성숙한 신앙인이 되려면 확신과 지식을 겸비해야 합니다.

둘째, 성숙한 그리스도인이 된다는 것은 (　　　　)의 일을 버리는 것입니다.

14절에 "이는 우리가 이제부터 어린 아이가 되지 아니하여 사람의 속임수와 간사한 유혹에 빠져 온갖 교훈의 풍조에 밀려 요동하지 않게 하려 함이라"라고 했습니다. 우리는 그리스도의 충만한 분량에 이르러서 온전한 하나님의 사람이 되어야 합니다. 미숙한 신앙 생활하는 자들은 믿음에 대한 판단력이 부족한 자들입니다. 이들은 자기중심적인 신앙의 태도를 갖고 있는 사람입니다.

- 정답 : 예수님, 어린아이

셋째, (   ) 그리스도인들은 유혹에 흔들리지 않는 자입니다.

신앙생활의 깊이가 없고, 말씀을 알지 못하거나 목표 의식이 없고 자꾸 의심이 들면 이단들의 그릇된 사상에 넘어가게 됩니다. 그래서 성경은 경계하고 조심하라 말하고 있습니다. 골로새서 2장 8절에는 "철학과 헛된 속임수로 사로잡을까 주의하라"라고 했습니다.

바울도 이런 이단들 때문에 골칫거리였습니다.

사도행전 20장 29~30절 말씀을 보면 "내가 떠난 후에 사나운 이리가 여러분에게 들어와서 그 양 떼를 아끼지 아니하며 또한 여러분 중에서도 제자들을 끌어 자기를 따르게 하려고 어그러진 말을 하는 사람들이 일어날 줄을 내가 아노라"라고 했습니다.

바울은 사나운 이리가 양떼 같은 성도들에게 와서 어그러진 말로, 이단 사상의 말로 꿰어낼까 걱정하고 있습니다. 그렇기에 바울은 밤낮 쉬지 않고 말씀을 가르쳤습니다.

"그러므로 여러분이 일깨어 내가 삼 년이나 밤낮 쉬지 않고 눈물로 각 사람을 훈계하던 것을 기억하라" (행 20:29~31)

성숙한 그리스도인은 이단의 유혹에 빠지지 않는 자입니다. 30절에 "지금 내가 여러분을 주와 및 그 은혜의 말씀에 부탁하노니 그 말씀이 여러분을 능히 든든히 세우사 거룩하게 하심을 입은 모든 자 가운데 기업이 있게 하시리라"라고 했습니다.

이렇게 말씀이 제대로 채워진 자들은 절대 유혹에 흔들리지 않습니다. 또한 15절에 "오직 사랑 안에서 참된 것을 하여 범사에 그에게까지 자랄지라 그는 머리니 곧 그리스도라"라고 했습니다. 자라나야 합니다.

• 정답 : 성숙한

넷째, 성숙한 그리스도인은 (   ) 목표를 가진 사람입니다.

빌립보서 3장 8절 말씀에 "또한 모든 것을 해로 여김은 내 주 그리스도 예수를 아는 지식이 가장 고상하기 때문이라"라고 했습니다. 우리의 목표, 가장 고상한 목표는 예수 그리스도이십니다. 성숙한 신앙인이 됩시다. 이는 구원받은 자로서 당연한 노력입니다.

○말씀과 함께 하는 나눔 [koinonia]

1. 설교 본문을 한번 더 읽고 본문이 주는 은혜를 나눠봅시다.

2. 성숙한 그리스도인은 어떤 신앙을 소유한 자입니까? 오늘 본문을 중심으로 이야기 나눠봅시다.

3. 나는 성숙한 그리스도인입니까? 혹은 아직 미숙한 그리스도인입니까? 자신이 어떤 그리스도인인지, 그리고 왜 그렇게 생각하는지도 이야기 나눠봅시다.

기도나누기

• 정답 : 고상한

43. 고난과 승리

• 본문 | 시 23:4~5

• 찬송 | 171장, 488장, 543장

"여호와는 나의 목자시니 내게 부족함이 없으리로다" (시 23:1)

"내가 사망의 음침한 골짜기로 다닐지라도 해를 두려워하지 않을 것은 주께서 나와 함께 하심이라 주의 지팡이와 막대기가 나를 안위하시나이다" (시 23:4)

하나님은 우리를 푸른 풀밭에 누이시기도 하시고 쉴만한 물가로 이끄십니다. 하지만 하나님이 목자가 되셔서 바로 옆에 계셔도 우리는 늘 사망의 음침한 골짜기를 만나게 됩니다. 오늘 본문인 시편과 요셉의 굴곡 많은 인생과 대비해보면서 소망을 가진 자의 궁극적인 승리가 어떤 과정과 모습으로 결론 지어지는지 살펴봅시다.

요셉은 유독 아버지 야곱으로부터 사랑을 받고 자라납니다. 그리고 형제들은 질투심 때문에 요셉을 죽일 계획을 세웁니다.

창세기 37장 18~20절에 보면 "요셉이 그들에게 가까이 오기 전에 그들이 요셉을 멀리서 보고 죽이기를 꾀하여 서로 이르되 꿈꾸는 자가 오는 도다 자, 그를 죽여 한 구덩이를 던지고 우리가 말하기를 악한 짐승이 그를 잡아먹었다 하자 그의 꿈이 어떻게 되는지를 우리가 볼 것이니라 하는지라" 라고 했습니다.

요셉의 형들은 빠져나올 수 없는 깊은 구덩이에 요셉을 집어넣었습니다. 요셉은 이런 엄청난 일이 일어날 줄은 상상도 하지 못했을 것입니다. 사단은 가끔 우리 삶에 자극을 주고 굳건한 믿음에 분열을 주기도 합니다. 그리고 요셉처럼 생각지 않은 때에, 갑작스런 사망의 골짜기로 우리를 몰아넣어 헤어나올 수 없는 상황을 만들어 놓을 때가 있습니다. 사단의 가장 큰 전략은 마음을 무너뜨리는 것입니다.

사단의 계략은 간사하고 집요합니다. 고생 한 번 해본 적 없는 부잣집 아들 요셉이 최악의 골짜기에서 어떻게 승리할 수 있었을까요?

창세기 39장 2절에 "여호와께서 요셉과 함께 하시므로 그가 형통한 자가 되어 그의 주인 애굽 사람의 집에 있으니"라고 했습니다. 하나님이 요셉과 함께 하시므로 그가 견딜 수 있었고 형통한 자가 되었다고 기록되어 있습니다.

신명기 31장 8절에 "그리하면 여호와 그가 네 앞에서 가시며 너와 함께 하사 너를 떠나지 아니하시며 버리지 아니하시리니 너는 두려워하지 말라 놀라지 말라"라고 했습니다. 이것이 바로 신앙의 힘입니다. 우여곡절 속에 하나님은 요셉을 애굽의 총리로 세워주십니다. 예전에 아버지 야곱과 함께 살았던 생활과는 비교가 되지 않을 정도의 더 큰 부와 명예를 누리게 되었습니다. 소망을 바라보십시오. 하나님은 우리 곁에 계십니다. 그렇다면 하나님은 언제까지 우리와 함께 하십니까?

"볼지어다 내가 세상 끝날까지 너희와 항상 함께 있으리라 하시니라" (마 28:20)

하나님은 '항상' 우리와 함께 하십니다. 고통과 슬픔을 이겨낸 우리에게 하나님은 생애에 넘치는 잔으로 채워주십니다.

"주께서 내 원수의 목전에서 내게 상을 차려주시고 기름을 내 머리에 부으셨으니 내 잔이 넘치나이다" (시 23:5)

하나님의 사람은 결국에는 꿈을 이룹니다. 고난의 텃밭에 심은 희망의 씨앗은 반드시 싹이 나서 자라게 됩니다. 믿고 나아갑시다. 그러면 반드시 승리합니다.

말씀과 함께 하는 나눔 [koinonia]

1. 설교 본문을 한번 더 읽고 본문이 주는 은혜를 나눠봅시다.

2. 수많은 고난을 당한 요셉이 어떻게 승리하게 되었는지 시편 23편의 내용을 참고하여 설명해 봅시다.

3. 살면서 사망의 음침한 골짜기로 다닌 경험이 있습니까? 경험이 있다면 어떻게 극복하였는지도 이야기 해봅시다.

기도나누기

44. 여호수아처럼 뛰어라

• 본문 | 수 24:15~18

• 찬송 | 336장, 491장,582장

여호수아서 마지막 23~24장에는 여호수아가 이스라엘 백성들 앞에서 마지막 고별 설교를 합니다.

여호수아 24장 15절 말씀에 "만일 여호와를 섬기는 것이 너희에게 좋지 않게 보이거든 너희 조상들이 강 저쪽에서 섬기던 신들이든지 또는 너희가 거주하는 땅에 있는 아모리 족속의 신들이든지 너희가 섬길 자를 오늘 택하라 오직 나와 내 집은 여호와를 섬기겠노라 하니"라고 했습니다.

이스라엘 백성들도 16절에 "우리가 결단코 여호와를 버리고 다른 신을 섬기지 아니하오리니"라며 함께 고백을 합니다. 이스라엘 백성들의 고백이 지금 이 시대를 살아가는 우리의 신앙의 고백이 되어야 합니다. 험난한 세상을 살아가는 우리는 여호수아처럼 뛰어야 합니다. 그렇다면 여호수아는 어떻게 뛰었는지 살펴봅시다.

첫째, 하나님의 (　　　　)의 말씀을 붙들고 뛰었습니다.

하나님은 여호수아에게 명령하셨습니다. "그 땅으로 가라 내가 모세에게 말한바와 같이네가 발바닥으로 밟는 모든 곳을 네게 주리라" (수1:2~3)

여호수아는 분명한 하나님의 약속을 믿고 뛰었습니다.

둘째, (　　　　)을 유지하고 뛰어야 합니다.

많은 사람들이 사회생활 할 때 스펙을 쌓는게 중요하다고 말을 합니

• 정답 : 비전, 성결함

다. 이런 스펙을 전쟁으로 비유하자면 군사력이고, 전술과 전략이고 전투력이라 볼 수 있습니다. 하지만 그보다 더 중요한 것은 바로 예수님을 믿는 자답게 행동하는 것입니다.

가나안을 진격하기 위해 요단강을 건너는 장면을 생각해 보십시오. 전쟁을 위해 그 땅을 취하러 가니 제일 선두에는 가장 강력한 무기로 중무장한 부대가 앞장서야 하는 것은 당연한 일인데 하나님은 제일 선두에 하나님의 임재를 상징하는 언약궤와 그 언약궤를 멘 제사장들을 세웠습니다. 이것은 가나안 정복 전쟁을 주도하시는 분이 하나님이시라는 것을 보여주기 위함이었습니다.

치열한 전쟁터 같은 세상에서 가장 먼저 앞장 세워야 할 것은 스펙도 아니요, 자신의 실력과 성실함도 아니요, 바로 하나님이라는 것입니다. 또한 하나님 앞에 성결함을 유지하는 것이 중요하다는 말입니다. 7장 3절에 "너는 일어나서 백성들을 거룩하게 하여 이르기를 너희는 내일을 위하여 스스로 거룩하게 하라"라고 했습니다.

셋째, 누군가에게 해줄 말 있는 ( )이 되십시오.

여호수아는 가나안 전쟁의 산증인입니다. 여호수아는 백성들에게 당부하기를 11절에 "그러므로 너희는 스스로 조심하여 너희 하나님 여호와를 사랑하라"라고 했습니다. 우리도 지금부터 다음 세대에게 해줄 말을 정리해야 합니다. 내가 가슴 깊이 느꼈던 신앙의 경험을 전하십시오. 이러한 간증은 곧 다음 세대의 신앙의 지침이 될 것입니다.

우리가 봐야 할 것은 나의 재능이나 나를 도와줄 수 있는 환경이 아니라 하나님의 능력입니다. 부정적이고, 불가능하고, 안 될 것 같은 상황이라 할지라도, 하나님은 하실 수 있습니다. 여호수아처럼 뛰십시오!

• 정답 : 인생

○ 말씀과 함께 하는 나눔 [koinonia]

1. 설교 본문을 한번 더 읽고 본문이 주는 은혜를 나눠봅시다.

2. 여호수아처럼 뛰려면 어떻게 뛰어야 합니까? 본문에서 세 가지를 찾아보고 이야기 해봅시다.

3. 나는 어떤 꿈과 비전이 있습니까? 내 꿈은 오늘 말씀과 비추어 하나님이 원하시는 방향대로 나아가고 있습니까? 서로 이야기 나눠봅시다.

기도나누기

45. 복음을 전파하라

• 본문 | 딤 4:1~8

• 찬송 | 323장, 373장, 433장

오늘 본문에서는 어떻게 해야 우리가 부흥하고 생동감 있는 교회로 만들 수 있는지 살펴보려고 합니다.

첫째, 부흥은 부흥을 (   )꾸는데서부터 시작됩니다.

야고보는 행함이 없는 믿음은 아예 죽은 믿음이라 말하고 있습니다. "네가 보거니와 믿음이 그의 행함과 함께 일하고 행함으로 믿음이 온전하게 되었느니라" 가장 중요한 행함은 바로 영혼 구원입니다. 복음을 전하는 것에 있습니다. 바울은 로마에 가서 복음을 전하기 원했고 이를 꿈꾸며 기도했습니다.

"그러므로 나는 할 수 있는 대로 로마에 있는 너희에게도 복음 전하기를 원하노라" (롬 1:15)

바울의 꿈은 로마에 가서 복음을 전하는 것뿐만 아니라, 로마서 15장 23절 이하와 같이 주님의 명령대로 '땅끝'까지 복음을 전하는 것이 그의 꿈이었습니다. 그래서 당시 땅 끝으로 알려진 서바나, 즉 지금의 스페인까지 복음을 전하기 원했던 것입니다. 이런 꿈이 없다면 부흥은 이루어질 수 없습니다. 그래서 꿈을 꾸는 것이 중요합니다. 꿈이 없는 백성은 망한다는 성경의 경고를 무시하지 마시기 바랍니다.

• 정답 : 꿈

둘째, 부흥은 (　　　　)에서 시작됩니다.

책임감이란 '내 것'이라는 생각에서부터 비롯됩니다. '내가 부흥을 이룬다!'라는 책임감이 있어야 합니다. 바울은 채무자로서의 책임감을 가졌습니다. 로마서 1장 14절에 "헬라인이나 야만인이나 지혜 있는 자나 어리석은 자에게 다 내가 빚진 자라"라고 했습니다. 바울은 예수님을 믿고 구원받은 것 자체를 빚이라 생각했습니다.

우리들은 다 주님께 빚졌습니다. 죄악으로 얼룩진 우리의 영혼을 예수님은 당신의 십자가 보혈로 씻어 주셨습니다. 주님 오시는 그 날까지 우리는 복음의 빚을 갚아야 합니다. 그렇기 때문에 전도하는 행위는 자랑할 것이 아닙니다. 바울도 고린도전서 9장 16절에 "내가 복음을 전할지라도 자랑할 것이 없음은 내가 부득불 할 일임이라 만일 복음을 전하지 아니하면 내게 화가 있을 것이로다"라고 했습니다.

복음은 최고의 가치가 있습니다. 유일무이한 구원의 길입니다. 복음은 모든 믿는 사람들에게 구원을 주시는 하나님의 능력입니다. 복음은 위대하며 철장의 권세를 깨뜨리고 죄와 사망의 권세를 무너뜨리고 영생과 구원으로 이끄는 유일한 길입니다. 누구든지 복음의 능력 앞에 나오면 죄사함을 받습니다. 영생을 보장받습니다.

셋째, 부흥은 (　　　　)로 되는 것입니다.

"우리가 선을 행하되 낙심하지 말지니 포기하지 아니하면 때가 이르매 거두리라" (갈 6:9)

부흥는 인내로 피어나는 생명의 꽃입니다. 절대로 단번에 되지 않습니다. 바울의 고백을 기억하십시오.

"나는 선한 싸움을 싸우고 나의 달려갈 길을 마치고 믿음을 지켰으니 이

• 정답 : 책임감, 인내

제 후로는 나를 위하여 의의 면류관이 예비되었으므로 주 곧 의로우신 재판장이 그 날에 내게 주실 것이며 내게만 아니라 주의 나타나심을 사모하는 모든 자에게도니라" (딤후 4:8)

이런 당당함으로 교회의 부흥을 꿈꾸며 나아갑시다. 하나님께서 반드시 부흥의 길을 열어주실 것입니다.

○말씀과 함께 하는 나눔 [koinonia]

1. 설교 본문을 한번 더 읽고 본문이 주는 은혜를 나눠봅시다.

2. 오늘 말씀을 통해 어떻게 부흥을 이룰수 있을지 본문에서 찾아 3가지로 이야기 해봅시다.

3. 바울이 고백한 딤후 4:8절의 말씀을 묵상해보고, 인생의 수고를 다 마쳤을 때 하나님께 어떻게 고백하고 싶은지 이야기 나눠봅시다.

기도나누기

46. 다윗의 감사, 나의 감사

• 본문 | 시 144:1~3

• 찬송 | 370장, 449장, 450장

오늘은 감사함의 의미를 생각해 보았으면 좋겠습니다. 오늘 본문에 다윗이 어떤 감사를 했는지 살펴보면서 우리의 감사의 마음을 되돌아보는 계기가 되었으면 합니다.

첫째, 다윗은 승리 주심을 (   )했습니다.

본문 1절을 보면 "나의 반석이신 여호와를 찬송하리로다 그가 내 손을 가르쳐 싸우게 하시며 손가락을 가르쳐 전쟁하게 하시는도다"라고 하였습니다. 엘라 골짜기에서 이스라엘과 블레셋의 싸움이 시작되었습니다.
블레셋의 대장 골리앗은 키가 3미터나 되는 거인이었습니다.
그는 무시무시한 창과 방패를 들고 나와서 "누구든시 일내일로 싸워서 이 싸움을 끝내자"라고 하였습니다.
그 말을 듣고 이스라엘 군사들은 벌벌 떨고 있었습니다.

다윗이 아버지의 심부름으로 형들을 위해 싸움터에 왔을 때 골리앗은 이스라엘을 향하여 싸움을 돋우며 하나님을 모욕하고 능멸하고 있었습니다. 다윗은 격분하여 물매돌 다섯 개를 들고 싸우러 나갔습니다.
하나님은 다윗에게 승리를 안겨주셨습니다.
다른 무엇보다 우리는 승리를 주실 때 감사해야 합니다. 내가 잘되고 있을 때조차 감사하지 않으면 안 될 일입니다.

• 정답 : 감사

역으로 감사함으로 믿고 나갈 때 하나님은 반드시 승리를 주시는 분이십니다. 로마서 8장 37절에 "그러나 이 모든 일에 우리를 사랑하시는 이로 말미암아 우리가 넉넉히 이기느니라"라고 했습니다.

둘째, (　　　) 주심을 감사했습니다.

보이지 않는 하나님을 믿을 방법이 없습니다. 그런데 세계 수십억 명이 거짓같이 예수님을 믿고 있습니다. 우리는 어떻게 예수님을 믿게 되었습니까? 성령의 감동으로 믿게 된 것입니다. 우리가 성령을 받으면 그 영이 내 마음을 감동시키실 때 보이지 않는 하나님을 보이는 아버지처럼 믿어지는 것입니다. 내가 예수님을 믿는다는 것은 즉 성령을 받았다는 증거입니다. 우리 안에서 성령이 떠나가시면 끝난 겁니다.

다윗이 바로 그 성령 때문에 하나님이 나의 전부라는 것을 고백했고, 성령으로 믿음 주심을 감사했습니다.
2절을 보면 "여호와는 나의 사랑이시요 나의 요새이시요 나의 산성이시요 나를 건지시는 이시요 나의 방패이시니 내가 그에게 피하였고 그가 내 백성을 내게 복종하게 하셨나이다"라고 했습니다. 이는 곧 하나님은 나의 전부라는 것입니다. 세상에 소중하다 생각하는 것이 많을 것입니다. 하지만 하나님을 잃어버리면 전부를 잃어버린다는 것을 기억하시기 바랍니다.

셋째, 다윗은 (　　　)을 감사했습니다(3절).

하나님이 나를 알아주시고 인정해 주시면 최고로 감사할 일인 것입니다. 하나님께서 나를 인정하고 계십니까? 감사하십시오. 또한 감사할 것이 없다면 찾아서라도 감사합시다. 감사할 것이 없다면 앞으로 감사

• 정답: 믿음, 알아주심

할 일을 주실 것이라는 확신을 갖고 감사하십시오.

다윗은 승리 주심을 감사했습니다. 믿음 주심을 감사했습니다. 알아주심을 감사했습니다. 부모가 알아주지 않아도 하나님이 알아주시니 다윗은 감사했습니다. 다윗처럼 감사하는 일생이 되시기 바랍니다.

○ 발씀과 함께 하는 나눔 [koinonia]

1. 설교 본문을 한번 더 읽고 본문이 주는 은혜를 나눠봅시다.

2. 오늘 본문 말씀에서 다윗이 하나님께 감사한 세 가지를 찾아 나눠봅시다.

3. 한주를 살면서 하나님께 감사한 것이 있다면 서로 나눠봅시다. 또한 늘 감사한 것이 있다면 그것 역시 나눠봅시다.

기도나누기

47. 평범함 속의 감사

• 본문 | 살전 5:16~18

• 찬송 | 88장, 587장, 589장

추수감사주일 절기를 통해 무엇을 감사해야 할지 살펴봅시다.

첫째, 하나님께서 창조하신 (　　　)을 생각하며 감사하시기 바랍니다.
하나님께서는 친히 만드신 만물을 보시고 일곱 번씩이나 "좋았더라"라고 말씀하셨고, 이를 우리에게 주셔서 누리게 하셨습니다. 보이는 모든 아름다운 것에 감사하시기 바랍니다. 다윗은 시편 145편 10절에 "여호와여 주의 지으신 모든 것이 주께 감사하며 주의 성도가 주를 송축하리이다"라고 노래하고 있습니다.

우리는 서로를 볼 수 있습니다. 만약에 빛이 없다면 어떻게 될까요? 아무것도 볼 수 없습니다. 모든 동식물들은 햇빛으로 인해 자라는 양식을 먹고 삽니다. 빛이 없으면 모든 생물은 살아갈 수 없고 모든 식물도 자랄 수 없습니다. 그런 필요성을 아시고 하나님은 천지창조때부터 빛이 있으라 하셨고 그 생명의 빛을 우리에게 주신 것입니다.
이것에 대해 감사하고 계십니까? 하나님에 대한 감사할 조건을 따진다면 끝도 없습니다. 한꺼번에 다 감사할 수 없으니 일상에서 보이고 느끼는 모든 것을 그때그때 감사하시기 바랍니다. 감사는 특별한 일이 생기면 하는게 아닙니다. 평범한 일상 가운데, 대단하지 않지만 내가 겪고 있는 치열한 삶 속에서 감사하시기 바랍니다.

• 정답 : 만물

둘째, 예수님의 (   )을 감사하시기 바랍니다.

베드로전서 2장 9절에 "오직 너희는 택하신 족속이요 왕 같은 제사장들이요 거룩한 나라요 그의 소유된 백성이니 이는 너희를 어두운데서 불러내어 그의 기이한 빛에 들어가게 하신 자의 아름다운 덕을 선전하게 하려 하심이라"라고 합니다. 수많은 사람 가운데 감사하게도 우리는 택함받은 주님의 자녀가 되었습니다. 이 사실에 감사하시기 바랍니다. 우리는 그리스도의 은혜를 받아들일 수 있도록 선택 받은 것을 감사드려야 합니다.

또한 주일은 어떤 날입니까? 일주일의 이레 중 엿새 동안 일하고 제 칠 일 째는 나를 산제물로 드리는 날입니다. 주일에 예배 드리는 것은 바로 우리 각자가 제사장으로서 우리 자신을 하나님께 제사 드리고 있는 것입니다. 하나님께 늘 감사하고 찬양을 드리는 것이 찬양의 제사입니다. 이러한 찬양의 제사는 예수님을 믿는 사람만이 할 수 있습니다.

셋째, 하나님께서는 산 (   )을 드리라고 말씀하셨습니다.

아무리 시내가 현내화되고 첨단과학화 되이 긴다 해도 예베를 통헤 산 제사, 감사의 제사를 드리시기 바랍니다. 성경은 우리가 거룩한 나라가 되었다고 말씀했습니다. 요한계시록 1장 6절에 "그 아버지 하나님을 위하여 우리를 나라와 제사장으로 삼으신 그에게 영광과 능력이 세세토록 있기를 원하노라"라고 했습니다.

또한 시편 100편 3~4절에는 "여호와가 우리 하나님이신 줄 너희는 알지어다 그는 우리를 지으신 자시요 우리는 그의 것이니 그의 백성이요 그의 기르시는 양이로다 감사함으로 그 문에 들어가며 찬송함으로 그 궁정에 들어가서 그에게 감사하며 그 이름을 송축할지어다"라고 했습니다.

성경은 우리를 그의 소유된 백성이 되었다고 합니다. 이 땅에서의 삶

• 정답 : 구원, 제물

이 끝나면 하나님은 여기에서 옮겨서 우리에게 눈물과 근심과 탄식과 이별하는 것이나 곡하는 것이나 앓는 것이 없는 영원한 천국에 살게 해주십니다. 이 얼마나 놀랍고 감사한 일입니까?

우리는 늘 예수 그리스도의 은혜에 대해 감사해야 합니다. 우리가 드리는 예배 역시 감사의 예배가 되어야 합니다. 감사로 제사를 드리는 자가 하나님을 영화롭게 합니다. 그러므로 우리는 우리 생활 속에 늘 감사할 것을 찾아야 합니다. 항상 감사하는 생각과 말을 하도록 결심하고 실천하도록 노력해야 합니다.

"항상 기뻐하라 쉬지 말고 기도하라 범사에 감사하라 이는 그리스도 예수 안에서 너희를 향하신 하나님의 뜻이니라"

○ 말씀과 함께 하는 나눔 [koinonia]

1. 설교 본문을 한번 더 읽고 본문이 주는 은혜를 나눠봅시다.

2. 우리가 하나님께 감사해야 할 이유는 무엇인지 본문에서 찾아 나눠봅시다.

3. 한주간의 삶 가운데 하나님께 대한 감사의 제목을 10가지 이상 찾아보고 감사의 기도를 올려드립시다.

기도나누기

48. 갑절의 은혜를 허락하소서

• 본문 | 왕하 2:1~9
• 찬송 | 212장, 438장, 449장

오늘 본문은 엘리야의 승천과 엘리사와 엘리야의 관계를 통해 우리에게 무엇을 교훈하고 있습니까?

첫째, 아름다운 (   )의 모습을 보여주고 있습니다.

오늘 말씀 1절에 "여호와께서 회오리 바람으로 엘리야를 하늘로 올리고자 하실 때에 엘리야가 엘리사와 더불어 길갈에서 나가더니"라고 나와있습니다. 엘리야와 엘리사는 길갈에서 동행을 시작합니다. 우리 믿는 자들이 가져야 할 신앙의 모습이 이것입니다. 함께 가야 합니다. 이 교회 공동체 안에서 어느 한 사람도 소외되거나 빠져서는 안 됩니다. 서로 하나되어 구원의 기쁨을 누려야 할 것입니다.

또 한 가지 우리는 엘리사의 충성의 모습을 배워야 합니다. 2절에 "엘리사는 여호와께 살아계심과 당신의 영혼이 살아있음을 두고 맹세하노니"라고 하며 절대 순종을 합니다.

둘째, 교회는 (   )을 소유해야 합니다.

매력이 있으면 끌리기 마련입니다. 오늘 본문에서도 가만히 보면 엘리야와 엘리사의 매력에 주변에 많을 사람들이 저들을 쫓아다녔음을 보게 됩니다. 바로 선지자의 제자들입니다.

• 정답 : 동행, 매력

3절에 보면 "벧엘에 있는 선지자의 제자들이 엘리사에게로 나아와 그에게 이르되"라고 했습니다. 또한 엘리야와 엘리사를 따라 다녔던 선지자의 제자들이 무려 50여 명이라고 합니다.
엘리야와 엘리사에게는 어떤 매력이 있었습니까? 이들에게는 하나님의 능력이 머물고 있습니다. 이것이 매력입니다. 교회 역시 부흥되려면 매력적이어야 합니다. 끌리는 것을 만들어야 합니다. 소문을 내는 것이 아니라, 소문이 나야 합니다.

엘리야는 자신의 승천을 알고 있었기에 엘리사에게 묻습니다. "내게 혹시 구할것이 있느냐, 구할게 있다며 말하라" 그때 엘리사가 9절 하반절에 "이르되 당신의 성령이 하시는 역사가 갑절이나 내게 있게 하소서 하는지라"라고 했습니다. 부족하면 구하십시오. "주님, 감당할 힘을 주옵소서. 성령의 역사가 내게 머물게 하옵소서."라고 기도하십시오.

셋째, 끝까지 함께하면 (　　　)의 역사를 보게 될 것입니다.
엘리야와 엘리사가 함께 동행하다가 갑자기 불 수레와 불 말이 그 둘을 가르며 나타났습니다. 그리고 강하고 급한 회오리 바람이 엘리야를 휘감고 하늘로 올리워 갔습니다. 이 모습을 지켜본 엘리사는 그 자리에 엎드려져 소리를 질렀습니다.
12절에 "엘리사가 보고 소리 지르되 내 아버지여 내 아버지여 이스라엘의 병거와 그 마병이여 하더니 다시 보이지 아니하는지라 이에 엘리사가 자기의 옷을 잡아 둘로 찢고"라고 했습니다.
엘리사는 그의 스승 엘리야와 함께 하니 마지막에 큰 기적의 역사를 보게 됩니다. 그리고 이제 엘리야에게 있었던 큰 하나님의 능력이 이제는 엘리사에게 이어졌음을 성경은 보여주고 있습니다.

• 정답 : 기적

엘리사처럼 끝까지 함께 하면 기적의 역사를 보게 될 것입니다. 엘리야의 기적이 엘리사에게 머문 것처럼 하나님의 그 큰 능력과 권세가 우리에게도 반드시 임하게 될 것입니다.

○말씀과 함께 하는 나눔 [koinonia]

1. 설교 본문을 한번 더 읽고 본문이 주는 은혜를 나눠봅시다.

2. 엘리야와 엘리사는 길갈에서 동행했습니다. 교회 안에서 동행하지 못하는 지체가 있는지 돌아보고, 함께 하기를 어려워하는 지체가 있다면 어떻게 동행할 수 있을지 나눠봅시다.

3. 엘리사를 통해 배워야 할 점을 오늘 본문에서 찾아보고 이야기 해봅시다.

기도나누기

49. 네가 돌아서라

- 본문 | 눅 15:11~24
- 찬송 | 19장, 182장, 273장

오늘 본문은 너무나도 잘 알려진 말씀입니다. 본문은 이렇게 시작합니다. 철없는 둘째 아들이 아버지에게 자신의 몫을 요구합니다. 어차피 아버지의 재산을 물려 받을 것이니 지금 주라고 떼를 씁니다.
결국 둘째 아들은 자신의 몫으로 받아낸 재물을 가지고 먼 나라로 가서 술과 여자, 도박 등 세상의 쾌락을 좇다 재산을 다 탕진합니다. 수중에 돈이 떨어진 아들은 돼지가 먹는 쥐염 열매로 허기를 채우고자 할 정도로 비참해졌습니다.

사실 이 비유의 말씀은 인류의 창조와 타락에 관한 것을 예수님께서 비유적으로 말씀하신 이야기입니다. 하나님은 에덴동산을 지어 첫 사람 아담과 하와를 두어 행복하게 누리며 살게 하셨습니다. 하지만 하나님께서 금지하신 선악과를 따먹음으로 아담과 하와는 사단의 종이 되어 버렸습니다. 이 에덴동산 이야기가 사실 탕자 이야기와 같은 맥락입니다.

그렇다면 어떤 점이 같은지 살펴봅시다.

첫째, 쾌락만을 즐기며 살던 탕자와 (   )을 모르는 자들이 같습니다.
오늘날 복음을 모르고 예수님을 믿지 않는 모든 자들은 다 탕자와 같

- 정답 : 예수님

이 부모님을 떠나 먼 나라에서 살고 있는 자들입니다. 이들은 하나님을 외면하며 이기주의와 탐욕과 정욕의 노예가 되어서 삽니다.

둘째, 쾌락을 쫓아 사는 삶의 결과는 (   )입니다.

쾌락을 쫓아 사는 삶, 그 결과로 오는 것이 바로 기근의 삶입니다. 기근의 삶이란 하나님이 주신 풍성함을 누리지 못하는 삶을 말합니다. 가난, 질병, 고통, 죽음 등 인생의 부족한 부분을 말합니다. 하나님께서 우리에게 주신 것은 풍성함인데 사단이 우리에게 준 것은 기근뿐입니다. 기근된 세상을 잘 보여주는 성경 구절이 있습니다.

"너는 이것을 알라 말세에 고통하는 때가 이르러 사람들이 자기를 사랑하며 돈을 사랑하며 자랑하며 교만하며 비방하며 부모를 거역하며 감사하지 아니하며 거룩하지 아니하며 무정하며 원통함을 풀지 아니하며 모함하며 절제하지 못하며 사나우며 선한 것을 좋아하지 아니하며 배신하며 조급하며 자만하며 쾌락을 사랑하기를 하나님 사랑하는 것보다 더하며 경건의 모양은 있으나 경건의 능력은 부인하니 이같은 자들에게서 네가 돌아서라" (딤후 3:1~5)

이러한 세상 가운데서 우리가 취해야 할 행동은 무엇입니까?

하나님께서는 "네가 돌아서라, 다른 어느 누구도 아닌 바로 네가 돌아서라"라고 말씀하십니다. 우리는 돌아서야 합니다. 다른 누가 돌아 설지 이야기 할 필요 없습니다. 내가 돌아서야 합니다. 탕자는 스스로 깨닫고 돌아섰습니다.

• 정답 : 기근

말씀과 함께 하는 나눔 [koinonia]

1. 설교 본문을 한번 더 읽고 본문이 주는 은혜를 나눠봅시다.

2. 디모데후서 3장 1~5절 말씀을 깊이 묵상해 보고 나의 삶에서 잘 고쳐지지 않는 부분이 있다면 어떤 부분인지 나눠고 부족한 부분을 놓고 기도합시다.

3. 예수님께 돌아왔을 때, 혹은 교회에서 예수님을 알고 변화된 삶을 서로 나눠봅시다.

기도나누기

50. 하나님께서 함께 하시는 가정

- 본문 | 요일 4 : 12-15
- 찬송 | 390장, 556장, 559장

성경에는 하나님께서 인간에게 약속하신 32,500여 가지의 복이 기록되어 있습니다.
에베소서 6장 1절에서 3절에는 "하나님께서는 부모를 공경하는 자에게 장수의 복을 주시고"라고 나와있습니다.
누가복음 12장 33절에는 하나님께서 힘들어 어려운 사람을 구제하는 사람에게는 낡아지지 아니하는 배낭(지갑)을 주신다고 약속하셨습니다. 그러나 복중의 복, 단연 최고의 복은 '임마누엘'입니다. 임마누엘이란 "내가 너희와 함께 하겠다"라는 뜻입니다.
이 세상을 창조하시고 역사의 주관자이시며 전능하신 하나님께서 늘 동행하시며 좋은 길로 인도하시며 항상 지켜 주시겠다고 약속하셨습니다.
특별히 오늘 본문에서는 두 가지 조건절을 통해서 하나님께서 어떤 가정(공동체)과 함께 하시는지를 말씀하고 있습니다.

첫째, 우리가 서로 (　　　)할때 하나님께서 함께 하시겠다고 약속하셨습니다.
세상에 가족을 사랑하지 않는 사람은 없습니다. 문제는 그 사랑을 서로 잘 못 느낄 때가 많다는 것입니다. 게리 채프만이 쓴 <사랑의 다섯 가지 언어>라는 책이 있습니다.

- 정답 : 사랑

저자는 20년간 미국의 이혼하는 부부들을 상담하면서 상대방을 사랑하지 않았던 사람이 없었음에도 불구하고 정작 상대방은 그 사랑을 전혀 못 느꼈다는 충격적인 이야기들을 듣습니다. 그래서 연구해보니 사람마다 사랑을 느끼는 언어 코드가 다르다는 사실을 발견합니다.

그의 책에 따르면 사람이 사랑을 느끼는 다섯 가지 언어는 인정하는 말, 함께하는 시간, 선물, 봉사, 스킨십입니다. 모든 사람 안에는 이 다섯 가지 사랑의 언어가 다 들어 있지만 서로의 제 1의 사랑의 언어를 찾는 것이 중요합니다. 내가 좋아하는 방법으로 사랑을 표현하는 것이 아니라 상대가 원하는 사랑의 언어로 마음을 전할 때 사랑이 바르게 전달되고 사랑이 넘치는 가족이 됩니다.

둘째, 예수님을 하나님의 아들이라 (   )할 때 하나님께서 함께 하시겠다고 약속하셨습니다.

예수님을 하나님의 아들이라 입술로 고백하는 것은 예수님께서 우리 가정의 주인임을 선포하는 것입니다. 가정의 모든 결정권을 예수님께 맡긴다는 결단입니다.
가정에서 어떤 결정을 내릴 때 부모의 뜻에 자녀가 일방적으로 따르거나 자녀의 뜻에 부모가 무조건 따르지 않아야 합니다. 나아가 가족 모두가 예수님의 십자가 앞에 무릎 꿇고 예수님의 뜻을 구할 때 모두가 행복해지는 은혜를 경험하게 되며 이 땅 가운데 이루어지는 천국을 맛보게 될 것입니다.
두세 사람이 모여 하나님의 주권을 인정할 때 거기에 하나님께서 함께 하시고 하늘로부터 임하는 참된 평안을 누리게 됩니다.
우리의 구원자이신 예수님께서는 우리를 사랑하사 우리 죄를 위해서

• 정답: 시인

십자가에 죽으심으로 그 사랑을 전해주셨습니다. 여러분의 가정이 십자가의 사랑 안에서 더욱 사랑하고, 하나님의 뜻 가운데 무릎 꿇어서 성경에 약속된 임마누엘의 복을 누리시기를 바랍니다.

○ 말씀과 함께 하는 나눔 [koinonia]

1. 설교 본문을 한번 더 읽고 본문이 주는 은혜를 나눠봅시다.

2. 본문 말씀을 깊이 묵상해 보고, 우리 가정은 하나님의 주권을 인정하는 가정인지, 그리고 예수님의 뜻을 구하는 가정인지 돌이켜 생각해 봅시다.

3. 본문을 통해 사랑의 다섯가지 언어에 대해 알아보고 상대방이 원하는 사랑의 언어로 대화해봅시다.

기도나누기

51. 변화의 성탄절이 되라

• 본문 | 사 61:1~3
• 찬송 | 96장, 108장, 115장

변화는 크게 점진적 변화와 순간적 변화가 있습니다. 예를 들어 삭개오나 사울은 순간적으로 변화된 사람입니다. 야곱은 순간적으로 변화된 사람이기도 하지만, 또한 점진적 변화를 이룬 사람이기도 합니다. 이런 순간적 변화와 점진적 변화는 모든 성도들이 다 겪고 있는 변화이기도 합니다. 우리 인생은 성령이 임하면 다 변화됩니다.
정신적, 감성적, 정서적으로 변화됩니다. 창조적 생각이 생기고, 영적 가치를 알게 됩니다. 서로 간에 화평을 생각하며 나누게 되고, 매사에 부정적인 사람이 긍정적인 사람으로 바뀌게 됩니다. 이는 단지 나만의 변화로 끝날까요? 아닙니다. 주위 사람들은 그를 다시보게 됩니다. 그에게서 평안을 느끼게 됩니다. 그 변화 안에서 더 좋은 아름다움으로 변화되게 됩니다.
예수님이 오신 이유는 이런 변화를 주시기 위해 오셨습니다. 그리스도의 올바른 성품으로 변화되길 간구하며 기도하시기 바랍니다. 그렇다면 변화는 어떻게 시작됩니까?

첫째, 변화는 (　　　　)에서부터 시작됩니다.
단순히 사람의 노력으로 변화되지 않습니다. 하나님께서 변화시켜 주셔야만 합니다. 그래서 우리에게 필요한 것이 기도와 말씀 묵상입니다. 그러나 무엇보다 마음이 변하지 않는 한, 겉으로 드러난 행동은 외식이자 가식입니다. 내게 무엇이 부족한가 살펴보고 변해야 합니다. 마음부터 변해야 합니다.

• 정답 : 마음

둘째, 내가 먼저 변해야 (　　　　)가 일어납니다.

사람들은 네가 변하면 나도 변할 것이라고 말합니다. 아닙니다. 내가 먼저 변해야 남이 변합니다. 믿음으로 먼저 변화됩시다.

셋째, 근본적인 변화는 (　　　　)을 만나야 변합니다.

기독교는 변화의 종교입니다. 예수님을 만나면 변하게 됩니다. 이 세상에 제일 쉬운 것이 있다면 마음 뒤집기일 것입니다. 반면 제일로 어려운 것 역시 미움 뒤집기입니다. 미움도 뒤집기만 하면 사랑입니다. 불충성도 뒤집으면 충성이 됩니다. 우리 마음은 그 마음을 만드신 주님을 만날 때만 가능하다는 것입니다. 변화를 느끼고 변화를 보여주고 변화를 고백할 수 있어야 합니다. 하지만 인간은 근본적으로 변화를 싫어하는 경향이 있습니다.

Ken Blancard 교수는 "사람은 선천적으로 변화를 두려워한다. 변화에 대한 호기심은 있으나, 즉 변화를 바라는 마음이 있으면서도 그 변화를 두려워한다."라고 했습니다.

그러나 로마서 12장 2절에는 "너희는 이 세대를 본받지 말고 오직 마음을 새롭게 함으로 변화를 받아 하나님의 선하시고 기뻐하시고 온전하신 뜻이 무엇인지 분별하도록 하라"라고 했습니다. 주님은 우리가 변화되기를 원하고 계십니다.

또한 지적 변화도 일어나야 합니다. 골로새서 3장 10절에는 "새 사람을 입었으니 이는 자기를 창조하신 자의 형상을 좇아 지식에까지 새롭게 하심을 받는 자니라"라고 했습니다. 새 사람을 입으면 감정의 변화가 일어납니다. 사랑의 변화도 일어납니다. 그리고 물질에 대한 변화도 일어나게 됩니다. '물질을 어떻게 모으고 어떻게 사용하는가'가 회심의 척도가 될 수 있습니다.

• 정답: 변화, 예수님

왜 예수님이 이 땅에 오셨습니까? 우리를 변화시키려고 오셨습니다. 억울한 자의 기도를 들으시려고 오셨습니다. 병든 자를 치료해 주시려고 오셨습니다. 마음이 상한 자들을 치료하시려고 오셨습니다. 교만한 마음을 버리고 겸손한 마음을 주시려고 오셨습니다.

"나를 보내사 마음이 상한 자를 고치며 포로 된 자에게 자유를, 갇힌 자에게 놓임을 전파하며 무릇 시온에서 슬퍼하는 자에게 화관을 주어 그 재를 대신하며 희락의 기름으로 그 슬픔을 대신하며 찬송의 옷으로 그 근심을 대신하시고 그들로 의의 나무 곧 여호와의 심으신 바 그 영광을 나타낼 자라 일컬음을 얻게 하려 하심이니라"

변화의 성탄절을 보내십시오!

○말씀과 함께 하는 나눔 [koinonia]

1. 설교 본문을 한번 더 읽고 본문이 주는 은혜를 나눠봅시다.

2. 변화는 어떻게 시작되는지 본문에서 찾아 나눠봅시다.

3. 믿음 안에서 변화되고 싶은 기도 제목과 변화되어야 할 기도 제목 리스트를 적고 나눠봅시다.

기도나누기

52. 인생의 고백과 간구의 기도

• 본문 | 시 90:9~15
• 찬송 | 9장, 18장, 105장

시편 90편은 모세가 쓴 유일무이한 시입니다. 이 시는 유한한 인간이 하나님을 떠나서는 결코 살 수 없음을 고백한 글입니다. 시편 90편을 통해 모세의 기도와 하나님께 향한 고백을 살펴보며 올해 마지막 주일에 우리의 모습을 반성해보시길 바랍니다.

첫째, 모세는 우리 인생에 대해 '하나님의 (   )를 모르고 살아가는 인생'이라 고백하고 있습니다.

모세는 "우리의 모든 날이 주의 분노 중에 지나가며 우리의 평생이 순식간에 다하였나이다"라고 고백하고 있습니다. 이어 모세는 "누가 주의 노여움의 능력을 알며 누가 주의 진노의 두려움을 알리이까"라고 했습니다. 이는 인생이 '하나님께 범죄하여 하나님의 분노와 진노가 임하고 있지만 인생이 그 사실을 잘 깨닫지 못하고 있음'을 고백한 것입니다.
우리가 너무도 둔감하게 생활하다 보니, 지금 이 괴롭고 힘든 일들이 하나님의 진노로 인함임을 깨닫지 못하고 넘어가는 경우도 많다는 것입니다. 회개할 부분이 있다면 철저히 회개하시기 바랍니다.
무엇보다 그런 진노 아래 있으면서도 진노하시는 하나님을 두려워할 줄 모르고 있다는 것은 우리가 크게 생각해야 할 부분입니다. 우리가 더욱 민감히 하나님께 나아갈 때 긍휼의 하나님은 우리를 붙들어주시고 우리를 승리의 길로 이끄실 것입니다.

• 정답 : 분노

둘째, 모세는 (   )이 너무 빠르게 지나가는 것을 고백하고 있습니다.

모세는 인생이 순식간에 다하였다고 고백하고 있습니다. 모세의 고백은 하나님의 징계로 인한 영적 고갈과 현실적 슬픔과 고통을 체득한 가장 인간적인 고백이었습니다. 우리 인생은 어떻습니까? 오늘을 살게 하시고 오늘을 숨 쉬게 하신 것 자체가 말할 수 없는 하나님의 은혜입니다.
그렇다면 이에 모세는 어떤 기도를 하고 있습니까?

12절에 "우리에게 우리 날 계수함을 가르치사 지혜로운 마음을 얻게 하소서"라고 기도하고 있습니다. '우리 날 계수함'이란 '하루 하루를 뜻있게 사는 생활'을 의미하는 것입니다. 그래서 모세는 빨리 가는 인생을 하루라도 지혜롭게 바르게 살기를 위하여 '지혜의 마음'을 달라고 간구한 것입니다. 인생의 날을 계수한다는 것은 자기의 살아 온 길을 반성하는 차원에서 점검하는 것입니다. 우리에게도 이런 모세의 기도가 필요합니다.

셋째, 모세는 하나님이 가까이 오셔서 (   )을 베풀어 달라고 간구하고 있습니다.

13절에 보시면 "여호와여 돌아오소서 언제까지니이까 주의 종들을 긍휼히 여기소서"라고 하였습니다. 죄 많은 인생이 스스로의 힘으로 하나님께 가까이 나갈 수 없습니다. 그러니까 하나님이 긍휼히 여기셔서 죄인들을 용납하시고 붙들어 주셔야만 하는 것입니다.
또한 모세는 만족과 기쁨을 달라고 기도하고 있습니다. 우리의 죄 때문에 하나님의 공의로운 심판이 있었고, 그로 인해 하나님께서 우리를 오랜시간 힘들게, 괴롭게, 곤고케 하셨으니 다시 사랑과 긍휼을 베풀어서 소망할 수 있게 해달라는 것입니다. 곤고하게 살아 온 성도들이 계시다면 모세처럼 "우리를 괴롭게 하신 날수대로와 우리가 화를 당한 연수대로 우리를 기

• 정답 : 인생, 긍휼

쁘게 하소서" 하는 기도가 있어야 할 것입니다.

모세의 기도가 바로 우리의 기도가 되어야 합니다. 앞으로의 삶을 더 복되게 살아가기 위해 하나님께 지혜와 긍휼과 기쁨을 구합시다. 하나님은 좋은 결심 갖는 자의 기도를 응답하실 것입니다.

우리는 성경대로 살기를 바라는 결심, 선한 양심대로 살기를 바라는 결심, 그리고 사랑을 따라 살기를 바라는 결심(고전 14:1)을 하며 살아야 할 것입니다. 우리가 어떤 고백을 드리고 어떤 기도를 드려야 할지 다시 한 번 묵상하면서 하나님이 원하시는 고백과 기도와 결심으로 새해를 시작하시기 바랍니다.

○ 말씀과 함께 하는 나눔 [koinonia]

1. 설교 본문을 한번 더 읽고 본문이 주는 은혜를 나눠봅시다.

2. 모세는 시편에서 하나님께 어떤 고백을 하고 있는지 본문에서 찾아 나눠봅시다.

3. 새해 하나님 앞에 나의 다짐과 고백을 적어보고 그것을 위해 기도하는 시간을 보냅시다.

기도나누기

[부록]

구역원 명부/ 구역원 출석부

성경읽기표/ 자기신앙점검표

구역원 명부

번호	이 름	주 소	전 화	생년월일
1			집	
		E-mail	핸	직
2			집	
		E-mail	핸	직
3			집	
		E-mail	핸	직
4			집	
		E-mail	핸	직
5			집	
		E-mail	핸	직
6			집	
		E-mail	핸	직
7			집	
		E-mail	핸	직
8			집	
		E-mail	핸	직
9			집	
		E-mail	핸	직
10			집	
		E-mail	핸	직
11			집	
		E-mail	핸	직
12			집	
		E-mail	핸	직
13			집	
		E-mail	핸	직
14			집	
		E-mail	핸	직
15			집	
		E-mail	핸	직

구역원 명부

번호	이 름	주 소	전 화	생년월일
16			집	
		E-mail	핸	직
17			집	
		E-mail	핸	직
18			집	
		E-mail	핸	직
19			집	
		E-mail	핸	직
20			집	
		E-mail	핸	직
21			집	
		E-mail	핸	직
22			집	
		E-mail	핸	직
23			집	
		E-mail	핸	직
24			집	
		E-mail	핸	직
25			집	
		E-mail	핸	직
26			집	
		E-mail	핸	직
27			집	
		E-mail	핸	직
28			집	
		E-mail	핸	직
29			집	
		E-mail	핸	직
30			집	
		E-mail	핸	직

구역원 출석부

번호	이 름	1월					2월					3월					4월					계
1																						
2																						
3																						
4																						
5																						
6																						
7																						
8																						
9																						
10																						
11																						
12																						
13																						
14																						
15																						
16																						
17																						
18																						
19																						
20																						
21																						
22																						
23																						
24																						
25																						

구역원 출석부

번호	이름	5월					6월					7월					8월					계
1																						
2																						
3																						
4																						
5																						
6																						
7																						
8																						
9																						
10																						
11																						
12																						
13																						
14																						
15																						
16																						
17																						
18																						
19																						
20																						
21																						
22																						
23																						
24																						
25																						

구역원 출석부

번호	이 름	9월					10월					11월					12월					계
1																						
2																						
3																						
4																						
5																						
6																						
7																						
8																						
9																						
10																						
11																						
12																						
13																						
14																						
15																						
16																						
17																						
18																						
19																						
20																						
21																						
22																						
23																						
24																						
25																						

성경 읽기표

구약

제 목	읽기표																								
창 세 기	1	2	3	4	5	6	7	8	9	10	11	12	13	14	15	16	17	18	19	20	21	22	23	24	25
	26	27	28	29	30	31	32	33	34	35	36	37	38	39	40	41	42	43	44	45	46	47	48	49	50
출애굽기	1	2	3	4	5	6	7	8	9	10	11	12	13	14	15	16	17	18	19	20	21	22	23	24	25
	26	27	28	29	30	31	32	33	34	35	36	37	38	39	40										
레 위 기	1	2	3	4	5	6	7	8	9	10	11	12	13	14	15	16	17	18	19	20	21	22	23	24	25
	26	27																							
민 수 기	1	2	3	4	5	6	7	8	9	10	11	12	13	14	15	16	17	18	19	20	21	22	23	24	25
	26	27	28	29	30	31	32	33	34	35	36														
신 명 기	1	2	3	4	5	6	7	8	9	10	11	12	13	14	15	16	17	18	19	20	21	22	23	24	25
	26	27	28	29	30	31	32	33	34																
여호수아	1	2	3	4	5	6	7	8	9	10	11	12	13	14	15	16	17	18	19	20	21	22	23	24	
사 사 기	1	2	3	4	5	6	7	8	9	10	11	12	13	14	15	16	17	18	19	20	21				
룻 기	1	2	3	4																					
사무엘상	1	2	3	4	5	6	7	8	9	10	11	12	13	14	15	16	17	18	19	20	21	22	23	24	25
	26	27	28	29	30	31																			
사무엘하	1	2	3	4	5	6	7	8	9	10	11	12	13	14	15	16	17	18	19	20	21	22	23	24	
열왕기상	1	2	3	4	5	6	7	8	9	10	11	12	13	14	15	16	17	18	19	20	21	22			
열왕기하	1	2	3	4	5	6	7	8	9	10	11	12	13	14	15	16	17	18	19	20	21	22	23	24	25
역 대 상	1	2	3	4	5	6	7	8	9	10	11	12	13	14	15	16	17	18	19	20	21	22	23	24	25
	26	27	28	29																					
역 대 하	1	2	3	4	5	6	7	8	9	10	11	12	13	14	15	16	17	18	19	20	21	22	23	24	25
	26	27	28	29	30	31	32	33	34	35	36														
에 스 라	1	2	3	4	5	6	7	8	9	10															
느헤미야	1	2	3	4	5	6	7	8	9	10	11	12	13												
에 스 더	1	2	3	4	5	6	7	8	9	10															
욥 기	1	2	3	4	5	6	7	8	9	10	11	12	13	14	15	16	17	18	19	20	21	22	23	24	25
	26	27	28	29	30	31	32	33	34	35	36	37	38	39	40	41	42								
시 편	1	2	3	4	5	6	7	8	9	10	11	12	13	14	15	16	17	18	19	20	21	22	23	24	25
	26	27	28	29	30	31	32	33	34	35	36	37	38	39	40	41	42	43	44	45	46	47	48	49	50

성경 읽기표

구약

제 목	읽 기 표																								
시 편	51	52	53	54	55	56	57	58	59	60	61	62	63	64	65	66	67	68	69	70	71	72	73	74	75
	76	77	78	79	80	81	82	83	84	85	86	87	88	89	90	91	92	93	94	95	96	97	98	99	100
	101	102	103	104	105	116	107	108	119	110	111	112	113	114	115	116	117	118	119	120	121	122	123	124	125
	126	127	128	129	130	131	132	133	134	135	136	137	138	139	140	141	142	143	144	145	146	147	148	149	150
잠 언	1	2	3	4	5	6	7	8	9	10	11	12	13	14	15	16	17	18	19	20	21	22	23	24	25
	26	27	28	29	30	31																			
전 도 서	1	2	3	4	5	6	7	8	9	10	11	12													
아 가	1	2	3	4	5	6	7	8																	
이 사 야	1	2	3	4	5	6	7	8	9	10	11	12	13	14	15	16	17	18	19	20	21	22	23	24	25
	26	27	28	29	30	31	32	33	34	35	36	37	38	39	40	41	42	43	44	45	46	47	48	49	50
	51	52	53	54	55	56	57	58	59	60	61	62	63	64	65	66									
예레미야	1	2	3	4	5	6	7	8	9	10	11	12	13	14	15	16	17	18	19	20	21	22	23	24	25
	26	27	28	29	30	31	32	33	34	35	36	37	38	39	40	41	42	43	44	45	46	47	48	49	50
	51	52																							
예레미야애가	1	2	3	4	5																				
에 스 겔	1	2	3	4	5	6	7	8	9	10	11	12	13	14	15	16	17	18	19	20	21	22	23	24	25
	26	27	28	29	30	31	32	33	34	35	36	37	38	39	40	41	42	43	44	45	46	47	48		
다 니 엘	1	2	3	4	5	6	7	8	9	10	11	12													
호 세 아	1	2	3	4	5	6	7	8	9	10	11	12	13	14											
요 엘	1	2	3																						
아 모 스	1	2	3	4	5	6	7	8	9																
오 바 댜	1																								
요 나	1	2	3	4																					
미 가	1	2	3	4	5	6	7																		
나 훔	1	2	3																						
하 박 국	1	2	3																						
스 바 냐	1	2	3																						
학 개	1	2																							
스 가 랴	1	2	3	4	5	6	7	8	9	10	11	12	13	14											
말 라 기	1	2	3	4																					

성경 읽기표

신약

제 목	읽 기 표																								
마태복음	1	2	3	4	5	6	7	8	9	10	11	12	13	14	15	16	17	18	19	20	21	22	23	24	25
	26	27	28																						
마가복음	1	2	3	4	5	6	7	8	9	10	11	12	13	14	15	16									
누가복음	1	2	3	4	5	6	7	8	9	10	11	12	13	14	15	16	17	18	19	20	21	22	23	24	
요한복음	1	2	3	4	5	6	7	8	9	10	11	12	13	14	15	16	17	18	19	20	21				
사도행전	1	2	3	4	5	6	7	8	9	10	11	12	13	14	15	16	17	18	19	20	21	22	23	24	25
	26	27	28																						
로 마 서	1	2	3	4	5	6	7	8	9	10	11	12	13	14	15	16									
고린도전서	1	2	3	4	5	6	7	8	9	10	11	12	13	14	15	16									
고린도후서	1	2	3	4	5	6	7	8	9	10	11	12	13												
갈라디아서	1	2	3	4	5	6																			
에베소서	1	2	3	4	5	6																			
빌립보서	1	2	3	4																					
골로새서	1	2	3	4																					
데살로니가전서	1	2	3	4	5																				
데살로니가후서	1	2	3																						
디모데전서	1	2	3	4	5	6																			
디모데후서	1	2	3	4																					
디 도 서	1	2	3																						
빌레몬서	1																								
히브리서	1	2	3	4	5	6	7	8	9	10	11	12	13												
야고보서	1	2	3	4	5																				
베드로전서	1	2	3	4	5																				
베드로후서	1	2	3																						
요한일서	1	2	3	4	5																				
요한이서	1																								
요한삼서	1																								
유 다 서	1																								
요한계시록	1	2	3	4	5	6	7	8	9	10	11	12	13	14	15	16	17	18	19	20	21	22			

자기신앙 출석부

종목 \ 월		1	2	3	4	5	6	7	8	9	10	11	12	계
1 주	주일 낮 예배													
	주일 저녁 예배													
	수요 저녁 예배													
	금요 철야 예배													
	구 역 예 배													
	9 시 기 도													
	새 벽 기 도													
2 주	주일 낮 예배													
	주일 저녁 예배													
	수요 저녁 예배													
	금요 철야 예배													
	구 역 예 배													
	9 시 기 도													
	새 벽 기 도													
3 주	주일 낮 예배													
	주일 저녁 예배													
	수요 저녁 예배													
	금요 철야 예배													
	구 역 예 배													
	9 시 기 도													
	새 벽 기 도													
4 주	주일 낮 예배													
	주일 저녁 예배													
	수요 저녁 예배													
	금요 철야 예배													
	구 역 예 배													
	9 시 기 도													
	새 벽 기 도													
5 주	주일 낮 예배													
	주일 저녁 예배													
	수요 저녁 예배													
	금요 철야 예배													
	구 역 예 배													
	9 시 기 도													
	새 벽 기 도													